David ALZIEU

Hors-Piste

Ce livre a été publié sur www.lulu.com

ISBN : 979-10-699-4210-3

À Pascale Martinod,

« *L'effet thérapeutique que je cherche à obtenir est la création,* *chez le sujet, d'un état d'âme dans lequel il commence à faire* *l'expérience de sa propre nature, à expérimenter avec les* *éléments de celle-ci, d'un état enfin fait de fluidité, d'aptitude à la* *métamorphose et au devenir.* »

C. G. Jung. «*La Guérison psychologique*»

SOMMAIRE

Avant-propos

Les textes ici présentés décrivent des expériences vécues, réelles et personnelles, s'étant déroulées au cours de ma vie professionnelle de moniteur de ski, débutée il y a près de dix-huit ans désormais.

Cette expérience professionnelle s'étend depuis une pratique classique en école de ski, à des cours donnés avec le statut de moniteur indépendant, agrémentée par quelques passages à l'étranger, avec notamment des contrats de travail en Argentine et Nouvelle-Zélande.

Par ailleurs, mon autre activité professionnelle de psychologue clinicien et psychothérapeute vient ici nourrir et colorer la réflexion.

Les situations ici présentées ont été soigneusement choisies. L'intérêt à leur lecture est de plonger dans la singularité de chaque situation, afin de se laisser toucher par certains aspects de la description.

En aucun cas, l'idée de ce travail n'est d'ériger une méthode pédagogique répétable et répétitive. Ce texte appelle au contraire à l'échange d'expériences subjectives, à la réflexion personnelle pour porter les problématiques soulevées vers une nouvelle étape.

La place ici laissée à la créativité est fondamentale, que ce soit à l'écriture ou à la lecture des lignes suivantes. Ainsi, chacun profitera personnellement des descriptions cliniques et imaginera ce dont il pourrait en tirer.

Il s'agit donc d'une réflexion à partir d'expériences cliniques, singulières, individuelles, et en aucun cas de quelque chose de fondamentalement rigide qui prétend apporter la Vérité et qui tend à se généraliser tel quel.

En effet, ce recueil d'expériences vécues ne représente que la première marche d'une invitation à un voyage ; un voyage qui requiert l'expérience, la prise de risque vers l'inconnu ou ce que l'on pense nous être inconnu et qui pourtant prend sa source au plus profond de nos racines intérieures.

Il convient d'accepter de plonger dans un premier temps dans une sorte de confusion globale et complexe, afin d'en retirer ensuite quelque chose de personnel, d'unique, de créatif.

Je pense sincèrement qu'il existe autant de versions différentes d'un même ouvrage que de lecteurs ; et je souhaite que devant cette production écrite, chaque lecteur pourra s'autocréer sa propre lecture personnelle, élargissant à chaque fois un peu plus la constellation d'affects, de percepts et de concepts ainsi partagés.

Introduction

Aujourd'hui, il apparaît qu'une certaine pensée rationnelle régit notre société ; vers une connaissance extrêmement scientifique et analytique du monde nous entourant. Ce phénomène est extrêmement appréciable dans la mesure où certains des outils qu'il produit octroie à l'homme des capacités pour le moins étonnantes et profitables, voire étonnamment profitables.

Au cœur de cette quête sans doute infinie vers une connaissance toujours plus pointue du vivant, il persiste sans cesse un aspect mystérieux qui nous entoure constamment et compose notre quotidien. Cet aspect que l'on ne peut saisir complètement et concrètement passionne pourtant les foules.

Un exemple extrêmement révélateur est la manière dont un sportif de haut niveau qui pourtant ne se positionnait pas a priori en tant que favori, va aller puiser "au plus profond de ses ressources" et décrocher au bout du suspens une victoire jusqu'alors inespérée.

Ces faits que l'on qualifie d'extraordinaires et qui dépassent la raison, l'explication causale, sont un véritable phénomène que l'on se délecte pourtant à observer, à partager, à s'y identifier. Le spectacle sportif en est un exemple parfait.

Alors pourquoi, dans l'apprentissage de ce même geste sportif, n'adopterait-on pas une approche globale, complexe, qui unit, effectue des liens transversaux, et utilise à chaque instant cet aspect quelque peu irrationnel comme le champion qui renverse tous les pronostics ?

C'est l'objet de cet ouvrage, focalisé sur l'enseignement et la découverte du ski alpin, qui montre à chaque exemple une manière singulière d'aller découvrir l'extraordinaire en chacun de nous.

« La Pêche aux Requins » :

Il est de ces matins du mois d'avril pendant lesquels l'hiver refait surface, saupoudrant la montagne alors bourgeonnante d'un fin manteau blanc. C'est au cours d'un de ceux-ci que je retrouve la famille d'Alan, petit garçon londonien de quatre ans, pour six demi-journées de ski. J'avais déjà skié depuis plusieurs saisons avec son frère Nicolas, de quatre ans son aîné. Aujourd'hui, la demande des parents quant à cette semaine est de faire découvrir le ski à Alan, un peu dans le même état d'esprit qu'avec Nicolas à ses débuts, à savoir une douce prise de contact avec le glissement sur les skis, sans démontrer de trop fortes exigences ou attentes envers l'enfant. Et ce afin, selon les parents, qu'Alan éprouve du plaisir à skier, et ainsi lui donner envie de revenir l'année suivante.

De par l'expérience de son grand frère, Alan a déjà entendu parler de moi, a vu des photos et vidéos de Nicolas au ski, et le premier contact entre nous s'en trouve facilité. Pourtant, dès les premiers glissements, Alan ne semble pas vraiment réceptif au concept, accepte toutefois de skier quelques descentes, en adoptant une attitude plutôt passive. Nous nous baladons alors sur les pistes vertes de la station, alternant les moments pendant lesquels je maintiens Alan entre mes skis, avec des passages au cours desquels nous skions côte à côte, reliés par mon bâton ; ce qui permet de soutenir Alan lors d'éventuels déséquilibres. Je tente bien par quelques fois de transmettre à Alan le mouvement de « chasse-neige » afin qu'il puisse skier et sentir les glissements avec plus d'autonomie ; Alan me démontre alors qu'il comprend quelque peu l'idée de ce mouvement, mais c'est sans grande conviction ni aucune once d'efficacité, et nous reprenons alors rapidement notre « balade » sur les skis.

Et nous voilà, pendant la majeure partie des trois premières matinées, vagabondant d'un côté à l'autre de la piste, verbalisant tout ce que nous croisons, observant de multiples pauses afin d'accorder un peu de répit aux frêles jambes d'Alan, de jouer quelques minutes ou de manger une friandise que sa maman, jamais très loin, nous offre.

Toutefois, un moment singulier attire particulièrement mon attention, alors que j'effectue des virages skis parallèles avec Alan maintenu entre mes skis, je me rends compte que ce dernier positionne également ses skis de manière parallèle, et se laisse déraper, suivant mes virages. Je ressens que dans ces moments de conduite des courbes, Alan m'apparaît plus léger, ce qui signifie qu'il supporte lui-même une partie de son poids ; et je laisse alors Alan profiter de ces moments, en me disant qu'il intégrait alors quelques informations sensorielles fondamentales du glissement sur les skis, sans doute utiles pour la suite.

Lors des portions plus plates de la piste, Alan est en mesure de skier seul – sans que sa vitesse ne croisse trop grâce au faible degré de pente – et nous réalisons quelques jeux que j'ai l'habitude d'effectuer avec les jeunes enfants sur les skis. Ainsi, Alan arrive à se déplacer d'un côté à l'autre de la piste, lever un de ses skis, toucher ses chaussures avec ses mains, effectuer un petit saut etc. Cependant, au cours de ces trois premières matinées, j'éprouve des difficultés à transmettre à Alan un moyen qui lui permettrait de réguler sa vitesse, et ainsi skier sans aide directe extérieure en toute sécurité. Alan semble hermétique à mes propositions de jeux qui vont dans le sens de son autonomisation progressive sur les skis.

Pour autant, je garde à l'esprit la demande des parents quant à ces cours de ski, et je veille à ne pas me placer dans une position ou dans un état d'esprit qui pourrait transmettre à Alan que j'attends de lui quelque chose qu'il n'est pas encore prêt à fournir.

En effet, une des qualités fondamentales de l'enseignant est d'être en mesure, à chaque instant, de niveler ses attentes avec ce qu'il est possible de faire pour le skieur en train d'apprendre, ici et maintenant. C'est-à-dire qu'à chaque instant, le moniteur doit réaliser une sorte d'équation non consciente, incluant des paramètres tels que la demande du client, le contexte environnemental, ainsi que ses propres attentes par rapport à la situation dans laquelle il se trouve. La mise en mouvement de ce processus psychique connectant le moniteur avec l'ensemble de sa sensorialité, avec sa capacité d'empathie, lui permet de créer un certain accordage entre le client et lui.

Autrement dit, il s'agit d'adopter une position d'ouverture, de grande plasticité dans laquelle nos antennes seraient complètement déployées, à même de percevoir ou ressentir un large champ d'informations à propos de ce qu'il se passe au sein de cette situation d'enseignement, dans toute sa particularité et originalité.

Cette prise d'informations n'est pas à intégrer à un système de traitement, de réflexion, qui rationalise ; il s'agit plutôt de se laisser toucher par la complexité de toutes ces perceptions qui nous parviennent, imbriquées les unes aux autres. Une compréhension se voulant objective de l'ensemble de ces éléments ne ferait que diviser la globalité de la situation perçue, et la proposition ensuite apportée s'en trouverait partielle. Mais nous reviendrons ultérieurement sur ce point que nous détaillerons plus amplement.

En adoptant une telle posture, le moniteur est à même d'appréhender de manière plus ample les spécificités de chacun de ses cours, car chaque situation d'enseignement – c'est-à-dire l'ensemble du système composé par le client, le moniteur et les facteurs environnementaux – présente des particularités qui la rend unique. Ainsi, par cette approche holistique, le moniteur sera en mesure d'émettre des propositions pédagogiques qui s'accorderont pleinement au système qui englobe le client, le moniteur et toutes les caractéristiques environnementales. Ces protagonistes auront alors la sensation d'appartenir à un ensemble cohérent, dans lequel chaque mouvement de l'un serait immédiatement entendu et compensé par l'autre de manière à maintenir l'équilibre du système, et avancer ensemble, en harmonie, vers le but fixé.

Nous verrons au fur et à mesure de cet écrit l'importance de cette posture, ainsi qu'un aperçu des possibilités qu'elle offre.

Revenons alors à Alan et à la suite de notre semaine de ski. Je le retrouve le matin du quatrième jour, et, ses parents n'étant pas totalement prêts, nous sommes amenés à patienter quelques minutes avant d'aller skier. À un moment donné, Alan se tourne alors vers le banc sur lequel j'avais posé mon matériel, se saisit d'un des bâtons ainsi que d'un gant, attache la ficelle du gant sur la pointe du bâton, et se tournant vers moi, en tenant le bâton comme une canne à pêche, s'exclame : « j'ai attrapé un requin !! », un large sourire illuminant son visage. Nous jouons alors quelques instants autour de son innovation, puis nous nous rendons sur les pistes alors que la famille s'est rassemblée.

La matinée se déroule alors de manière semblable aux jours précédents. Alors que nous arrivons sur la partie plus plate de la piste, je laisse Alan skier tout seul à mes côtés, et soudain, tout en lui lâchant la main, une idée émerge au sein de mon esprit, celle de reproduire le jeu construit le matin même par Alan avec le bâton et le gant formant une canne à pêche et un requin.

La mise en œuvre du processus décrit dans le paragraphe précédent me permet ici de me trouver dans un état psychique au sein duquel c'est l'idée du jeu qui vient à moi ; et non moi qui décide, par une volonté superficielle, de mettre en place telle ou telle chose. De la même manière que je me suis laissé toucher par la globalité hypercomplexe de la situation d'enseignement, la réponse s'effectue sur le même mode, quasi non conscient, ou en tous cas non contrôlable directement et instantanément par mon système de pensées rationnelles. Nous reviendrons sur ces points par la suite.

Ainsi, skiant aux côtés d'Alan, j'accroche mon gant à la pointe de mon bâton, et, à la manière d'une canne à pêche, lui présente le « requin », sans mot dire. Alan se met alors à sourire, et cherche automatiquement à attraper le poisson. À droite, à gauche, le petit garçon mène sa chasse aux requins avec entrain, mime l'action de manger lorsqu'il réussit à attraper le gant, puis relâche sa proie afin de passer au poisson suivant. Alors je commence à freiner le requin tandis qu'Alan continue de filer sur la piste, entraîné par la gravité ; et m'exclame auprès d'Alan que le requin a ralenti, il faut l'attendre pour pouvoir l'attraper ! Alan se met alors activement à l'œuvre et au bout de quelques essais s'arrête au beau milieu de la piste, utilisant ses skis à la manière d'un large chasse-neige, et attrape le requin qui lui passe sous le nez. Nous répétons ce jeu maintes fois, tant qu'Alan en démontre le désir, variant les déplacements de gauche à droite, accélérant et décélérant.

Suite à cette phase de jeu au cours de laquelle Alan avait pu démontrer et faire l'expérience de nouvelles habiletés, et après quelques moments de repos, Alan fut en mesure de skier seul, sur la plus grande partie de la piste. Ainsi, il pouvait freiner ou s'arrêter lorsqu'il le désirait, faire des virages sur la piste pour par exemple suivre mes traces ou s'approcher d'un objet, d'une personne, d'un arbre ; bref, il était complètement en mesure de maîtriser et décider de sa vitesse et trajectoire.

Par ailleurs, du point de vue d'un observateur extérieur, la progression de la maîtrise technique des skis chez Alan ne paraît pas linéaire, en comparaison avec les modèles pédagogiques couramment établis. En effet, à l'âge de quatre ans, et après trois petites matinées de ski, Alan ne montre pas de signes extérieurs d'une progression significative. Il a besoin la plupart du temps d'un appui physique extérieur pour se maintenir sur les skis et ne démontre pas de réel plaisir à skier. Pourtant, après l'épisode de la « pêche aux requins », Alan présente subitement une véritable métamorphose. Il fait soudainement preuve d'un niveau de ski qui, au sein des modèles pédagogiques couramment utilisés par les moniteurs de ski, pourrait être qualifié de très en avance, comparé aux autres enfants du même âge ayant skié le même nombre d'heures. Il se déplace parfaitement en effectuant de réels changements de direction au moment où je le lui impose – par exemple en suivant ma trace – et ce tout en contrôlant et régulant harmonieusement sa vitesse. Qui plus est, par moments, intuitivement, Alan positionne ses skis de manière parallèle entre les virages, et continue de se diriger en chargeant la carre intérieure de son ski extérieur. Ces habiletés pourraient être classifiées comme appartenant à un niveau technique considérablement plus élevé que ce qu'Alan avait démontré jusqu'alors, ou de ce que les modèles standards auraient pu légitimement attendre de lui, a priori.

Mais comment expliquer cette si soudaine transformation ?

Une première piste permettant d'appréhender les processus en jeu dans cette situation d'apprentissage est de qualifier la méthode utilisée par Alan et moi lors de ces jours de globale, à partir de ce qui est possible ici et maintenant pour nous. Ainsi, mon choix s'est naturellement porté sur une option d'enseignement globale, plongeant tout de suite Alan au cœur de l'action qui consiste à se déplacer sur une piste, tout en étant chaussé de skis ; et ce dans toute l'entité des mouvements, l'appui physique extérieur permettant cette immersion.

Alan serait pendant ces moments envahi par une sorte de confusion sensorielle, au sein de laquelle l'image motrice de la gestuelle permettant d'évoluer en ski lui parviendrait dans sa globalité. Les premiers jours représenteraient alors pour Alan un temps majoritairement sensoriel, au sein duquel il intègre peu à peu l'ensemble des informations qui lui parviennent, et ce dans toute leur entité, leur complexité.

Revenons alors au moment que j'ai décrit plus haut, et qui avait particulièrement attiré mon attention, lorsqu'Alan, que je maintenais entre mes skis, évoluant ensemble sous forme de virages, positionnait ses skis de manière parallèle l'un avec l'autre, et dérapait ainsi sur ses carres, soutenant une partie de son poids. Ces moments ont contribué au fait que, suite à la phase de la pêche aux requins, Alan place automatiquement ses skis de manière parallèle lors de certains virages, et utilise les carres de ses skis pour se diriger, comme s'il s'agissait d'un gouvernail, avec une finesse et une précision gestuelles rares.

La nature de l'enseignement que j'ai choisi d'adopter pour Alan suite à ma prise d'information quant à la situation, fut un enseignement qui permettait à Alan de ressentir et de vivre le ski de manière globale. Ainsi, nous parcourions de nombreux kilomètres sur les pistes vertes de la station, comme une longue promenade, en lieu et place du traditionnel « tapis roulant » avec lequel il est courant de débuter sur une pente de quelques dizaines de mètres seulement. Nous rencontrions un grand nombre de situations différentes, des déclivités de pente différentes, des qualités de neige différentes, des largeurs de piste différentes, etc ; contribuant à former chez Alan l'apparition d'une image motrice plus complète et complexe. Si l'on se réfère aux travaux en neurologie concernant la plasticité neuronale, mettant en évidence que la nouveauté est un facteur favorisant la modification des connexions neuronales, on est amené à penser que les temps plutôt sensoriels pendant lesquels nous arpentions, Alan et moi, les pistes de la station, plaçaient le cerveau d'Alan dans une sorte de bouillonnement sensoriel au cours duquel une complexe carte motrice des gestes en ski était peu à peu en train de se former.

Suite à la première phase de « progrès invisibles », cette carte prit forme de manière directement observable avec l'avènement de la pêche aux requins lorsque soudainement, Alan se mit à contrôler sa vitesse, enchaîner des virages, conduire ses skis.

On ne peut effectuer que des suppositions sur ce qu'il s'est passé au niveau interne chez Alan, entre le moment de confusion sensorielle et la restitution in vivo du geste global. En revanche, on observe que le moment du jeu avec les requins se définit comme la pierre angulaire du processus de transformation chez Alan.

Observons alors plus en profondeur cet instant.

Le jeu de la pêche aux requins n'est pas le premier jeu que j'avais proposé à Alan dans le but d'accroître son autonomie de déplacement sur les skis. D'autres jeux qui avaient pourtant obtenu des résultats encourageants avec bon nombre d'autres enfants du même âge, furent purement et simplement rejetés par Alan. Cependant, il demeure une différence fondamentale entre les premières propositions de jeu et la situation de la pêche aux requins. Cette différence se niche dans l'origine des situations de jeu proposées. En effet, au cours des premières tentatives, c'est moi qui proposais les jeux selon ma propre conception de ce que pouvait être une situation d'apprentissage mise sous la forme ludique. En revanche, dans le cas de la pêche aux requins, la mise en scène du jeu provenait de la créativité d'Alan, parvenue à ma perception lors du temps d'attente matinal.

Autrement dit, c'est Alan lui-même qui m'a présenté, m'a offert, les modalités d'apprentissage qui allaient fonctionner pour lui. Il est aussi à noter qu'Alan utilisa pour ce faire mon matériel – gant et bâton de ski –. Comme si ce qu'il était en train de mettre en forme provenait de quelque chose de commun entre lui et moi, que l'on pourrait réutiliser par la suite pour faire évoluer la situation du système d'apprentissage composé par Alan, moi et les conditions environnementales.

Tout ceci semble extrêmement simple, pourtant, nous manquons au quotidien bon nombre d'occasions similaires qui nous permettraient d'établir une communication qui touche réellement le client, et d'amorcer un mouvement vers l'avant à partir de qui il est à ce moment-là, dans cette situation là, en lien avec cet enseignant là. Cependant, il m'est apparu au cours de mon expérience, que bien souvent, le client et/ou la situation nous offre de manière répétitive ces "portes d'entrée".

Mais comment alors le moniteur peut-il se positionner afin d'être en mesure de percevoir ces portes d'entrée ?

La posture du moniteur que je décrivais antérieurement et qui consiste à se laisser toucher par la complexité de la situation, par ce que dégage le skieur dans sa globalité, permet d'être en mesure de mieux sentir et saisir ces instants, riches en créativité. En étant constamment au plus proche d'Alan pendant les premiers jours, notre lien s'accordait peu à peu, s'affinait au fur et à mesure, en explorant les divers modes de communication possibles.

Revenons sur l'instant pendant lequel je lâche la main d'Alan, et l'idée de reproduire le jeu du requin vient se glisser dans mes pensées. Cet instant représente un exemple d'accordage optimal entre Alan et moi. C'est précisément dans cet instant que je créai ma proposition pédagogique, effectuant la synthèse de ce qu'Alan m'avait communiqué le matin même, avec les conditions environnementales puisque c'est précisément sur ce terrain là, avec ce degré de pente là et cette qualité de neige là à ce moment là que cette proposition fera mouche, et permettra à Alan de vivre ce déclic.

Le jeu de la pêche aux requins avait sans doute retenu toute mon attention, dans le sens où il avait donné lieu, lors du temps d'attente, à de nombreuses émotions positives chez Alan ainsi que chez moi-même. Le jeu des requins a véritablement ancré quelque chose de l'ordre d'une communication émotionnelle positive entre Alan et moi. Et la réactivation de ces émotions au moyen de ce même ancrage, cette fois-ci transposé sur les skis, a permis de dépasser et d'exprimer quelque chose chez Alan.

Ainsi, on pourrait désigner comme "portes d'entrée" ces ancrages suggérés indirectement par les apprenants, et invitant la créativité du moniteur à inventer une situation d'apprentissage nouvelle, originale, dont l'essence se situe au creux du lien réunissant ces deux personnes entre elles et avec le contexte situationnel.

Ces trois pôles – le moniteur, le skieur et l'environnement – sont à considérer comme des processus, c'est-à-dire étymologiquement, comme quelque chose qui va de l'avant. Envisageons alors ces pôles plutôt comme des lignes, en perpétuel changement, mouvement, se dirigeant vers l'infini, se croisant et se recroisant dans un ballet incessant, imprévisible et incompréhensible tant qu'il n'est pas vécu pleinement et activement de l'intérieur. Ainsi pourrait-on se représenter l'émergence de ces "portes d'entrée" comme un instant particulier où ces trois lignes se rencontrent en un point qui serait significatif pour le système qui les unit. Ces instants d'une communication d'un autre genre appellent à la créativité des protagonistes de manière à emmener ces derniers vers de nouveaux horizons, révélant des ressources qui n'avaient pas pu s'exprimer jusque là, comme décrit précédemment avec Alan.

Ainsi, non seulement Alan démontrait des habiletés nouvelles, mais moi aussi, en tant que moniteur, je pouvais laisser exprimer une certaine créativité, jusque là muette. L'environnement, lui aussi, allait être investi de telle manière que ses caractéristiques, ses plis, ses irrégularités allaient être vécus non pas comme dérangeants, déstabilisants, effrayants, mais au contraire comme facilitants, mobilisants, agréables.

L'apprenant n'est plus placé, seul, au centre du système d'apprentissage ; il est confondu dans un système en mouvement, et sa progression est représentée par la mutation progressive, continuelle et processuelle de ce système.

Par ces quelques remarques, on comprend que la situation du jeu des requins trouve sa richesse dans son caractère unique et particulier. Ainsi, je ne réutiliserai probablement jamais plus ce jeu avec Alan ni avec d'autres enfants, car ce qui compte est la créativité dans l'instant, unique, particulière et éphémère. C'est le processus à l'œuvre qui est intéressant par ce qu'il fait vivre aux protagonistes du système, plutôt que l'outil utilisé en tant qu'objet fini. Il s'agit là de promouvoir et rechercher le mouvement, dynamique, qui crée, relie et invente, plutôt que l'aspect statique, répétitif qui avilie et asservit.

C'est pourquoi il n'existe pas de règle générale à observer concernant l'usage de ces outils créés à partir de ce que nous venons de décrire.

Par exemple, avec Alan, au cours des jours qui suivirent, je ne réutilisais pas le jeu de la pêche aux requins, car je n'ai ressenti aucun moment particulier auquel il aurait pu s'intégrer. Toutefois, sans chercher volontairement à rééditer cette situation, je laissais mon esprit ouvert à cette éventualité, dans le cas où la situation me dévoilerait une opportunité. Alan de son côté, n'exprimait manifestement pas le désir de reproduire ce jeu.

La suite de la semaine se déroulait ainsi, Alan mettant à l'œuvre des habiletés d'un niveau bien plus avancé qu'avant la pêche aux requins, et nous évoluions ensemble vers de nouvelles situations, de nouveaux apprentissages.

Le matin du dernier jour, alors que je me rends au point de rendez-vous avec Alan et sa famille, je m'arrête dans une petite boutique de la station, avec l'idée d'offrir un modeste présent à Alan, comme je le fais parfois avec mes clients. Au détour d'un rayon de jouets, un objet attire mon attention : une petite canne à pêche en plastique de quelques centimètres, avec trois ou quatre poissons multicolores, eux aussi en plastique. Le bout du fil de la canne à pêche comporte un genre d'hameçon permettant d'attraper les petits poissons, eux-mêmes munis d'un crochet sur leur extrémité. Frappé par l'analogie entre ce jouet et la situation de jeu qui m'avait le plus marqué pendant la semaine, je décidai sans hésiter d'offrir à Alan le jeu de pêche en plastique.

La situation que nous avions vécue ensemble avec ce jeu avait selon moi marqué profondément le changement d'Alan en rapport avec les glissements à ski ; et ce, d'une manière explicitement liée à des émotions positives. Mon achat en poche, je me dis tout en me dirigeant vers les pistes de ski, que ce présent, s'il est investi par Alan, pourrait ancrer au sein de son souvenir des émotions positives à propos de cette semaine de ski, susceptibles de faciliter son évolution l'année suivante.

Après notre ultime matinée de ski, au moment de se dire au revoir, je présente le cadeau à Alan, qui l'ouvre, et commence, avec l'autorisation de ses parents, à jouer avec. Son frère souhaite tester le jouet, puis ils me sollicitent pour que moi aussi j'essaie d'attraper un requin avec la petite canne à pêche. Au bout de quelques instants, Alan se tourne vers son père et lui dit : « j'ai compris Papa pourquoi il m'a offert ça! » et lui explique d'une manière très réfléchie que c'est parce que nous avons joué à ce jeu l'autre jour. Je ressentais alors un sentiment de satisfaction, pressentant qu'Alan avait intégré et utilisé ce cadeau au sein du processus d'apprentissage que nous avions mis à l'œuvre ensemble au cours de la semaine.

La partie suivante est consacrée à la description d'une expérience vécue au cours d'un cours de ski avec trois garçons âgés de huit à dix ans, Denis, Julien et Rémi.

« Le Hamburger Géant » :

Le passage suivant est issu d'une expérience avec un groupe de deux familles anglaises venues en vacances ensemble. Nous étions plusieurs moniteurs à enseigner le ski à ces clients. Les deux premiers jours, quelques débutants adultes m'avait été assignés. Par ailleurs, un groupe de trois garçons âgés de huit à onze ans skiaient avec une collègue monitrice.

Dès la fin de la seconde journée de ski, les enfants rentraient en se plaignant auprès de leurs parents. Vraisemblablement, les cours de ski les ennuyaient, et ils ne voulaient plus y retourner. Ces enfants issus de familles plutôt très aisées avaient probablement peu l'habitude que l'on n'accède pas à leurs désirs ; et les parents s'empressèrent de critiquer fortement et ouvertement les méthodes pédagogiques de la monitrice en question, et demandèrent expressément d'en changer.

Je me retrouvais alors malgré moi et un peu par hasard propulsé dès le jour suivant à skier aux côtés des trois jeunes britanniques. J'avais alors compris que le résultat obtenu lors de cette journée aurait une incidence directe sur la suite du programme, et donc sur mon travail de la semaine. De plus, ce matin-là, les enfants ne démontraient que peu d'entrain pour s'arracher de leur console de jeu et chausser leurs skis. Pour ne rien arranger, la montagne s'était réveillée avec d'épaisses couches de brouillard la recouvrant. C'était un de ces brouillards épais, ternes, qui pouvaient mettre à mal la motivation des amateurs de glisse les plus chevronnés.

L'humeur ambiante au sein du vaste chalet loué pour l'occasion s'en ressentait fortement, ce qui ne faisait évidemment pas vraiment mes affaires. Je me répétais alors que ma seule obligation professionnelle était une obligation de moyen et non de résultat, et que je devais simplement faire mon métier. Malgré cela, je ressentais une certaine forme de pression pesant sur mes épaules de jeune moniteur de ski nouvellement indépendant, pour qui il était à l'époque important d'obtenir de bons résultats en vue de se constituer et fidéliser une clientèle.

N'ayant rien prévu et à court d'idées, je me dis alors à moi-même que j'essaierais bien de trouver sur le moment quelque chose à faire de mon cours.

Pendant que les enfants continuent leur partie de jeu vidéo, je suis amené à patienter en silence dans le salon, décidant d'observer et de m'imprégner de l'atmosphère familiale, laissant mes pensées vagabonder. Après deux cafés et quelques biscuits, je constate que les parents commencent à exprimer leur désir de sortir skier, et qu'il devient alors souhaitable que les enfants partent les premiers. Remarquant que je ne bouge pas de ma position, les adultes commencent alors à vêtir leur progéniture d'habits techniques et autres accessoires protecteurs.

De mon côté, je continue à observer tranquillement ce petit remue-ménage, comme pour signifier que ce pourquoi j'avais été embauché n'avait pas encore commencé, et que mes compétences et fonctions ne s'exprimeraient qu'une fois à l'extérieur. Tout cela s'effectue un peu malgré moi, car paradoxalement, sur le moment, la situation m'amène à douter absolument de l'existence même de ces compétences et de ce que je vais bien pouvoir faire sur les skis avec les garçons. J'espère au moins tenir jusqu'au repas de midi, me dis-je, ressentant chaque fois un peu plus d'anxiété au fur et à mesure que les enfants se rapprochent du moment où ils seraient fin prêts et qu'il faudrait sortir.

Alors nous voilà partis tous les quatre vers les cimes couvertes de neige et de brouillard ; entre blanc et blanc, on ne distingue pas trop aujourd'hui…

Les premiers instants sont plutôt silencieux, puis Denis, Julien et Rémi se mettent à échanger entre eux. Pendant les premières descentes, les enfants suivent plus ou moins ma trajectoire, même plutôt moins que plus, et profitent du fait que je ne leur adresse pas de remontrances pour naviguer à peu près où bon leur semble. Je décide de ne pas m'y opposer de manière frontale, afin de ne pas les braquer d'emblée. Je gère alors le maintien de la sécurité en choisissant les pistes vers lesquelles nous nous dirigeons.

De par leur comportement, les enfants m'invitaient alors, inconsciemment, à les recadrer, à user de mon autorité d'adulte. En mettant à mal le cadre de mon cours de ski, les enfants cherchent dans une certaine mesure à provoquer ma réaction ; comme s'ils cherchaient à venir activer chez moi ma part d'adulte autoritaire, qui réprimande et punit. Je me dis alors que si je réponds positivement à cet appel – c'est-à-dire en les grondant et les punissant – cela ne ferait que renforcer leur représentation du monde : les enfants qui font des bêtises et les adultes – hors du couple parental – qui mettent des règles et punissent. Je reprends ce concept de "construction du monde" au Professeur et Docteur M. Elkaïm, pour qui cette notion correspond à la manière dont la personne perçoit son présent, en lien avec les autres, et ce à partir de ses expériences antérieures.

J'interprète alors leur invitation comme significative et révélatrice de quelque chose à associer avec leur problématique personnelle. C'est pourquoi je décide de ne pas leur répondre par le type de comportements qu'ils cherchent à déclencher habituellement : les remontrances, le recadrage, les punitions etc ; et ce, sans pour autant les délaisser, sans m'en désintéresser.

Ainsi, je tâche peu à peu, de la manière la plus fine possible, d'investir, de parler, d'évoluer ; sans tomber dans la caricature de l'imitation de leur manière d'être, mais plutôt avec l'idée d'essayer de les comprendre, d'appréhender qui ils sont, en tant que tels, en se plaçant à leur hauteur, leur altitude pourrais-je dire. Ce qui m'intéresse à ce moment, c'est de tenter d'appréhender chez Denis, Julien et Rémi qui ils sont vraiment, ensemble et dans cette configuration particulière, dans l'ici et maintenant.

Alors je me mets à participer aux conversations, de manière légère et sporadique afin d'éviter les écueils de l'intrusion. En fait, c'est comme si je tentais de trouver le juste équilibre entre d'une part respecter la distance qui nous sépare de par nos positions générationnelles et nos rôles fonctionnels, et d'autre part adopter un mode de communication avec eux qui ne repose pas sur un socle purement autoritaire, de pouvoir.

Nous sommes alors assis sur un télésiège, remontant les pistes de ski, quand l'aîné, Denis, exprime la présence du brouillard et à quel point cela l'ennuie. J'avais préalablement repéré que ce jeune garçon se positionnait en leader du groupe, et dans mon esprit se forme instantanément l'image selon laquelle nous rentrerions de très bonne heure à la maison, à la demande unanime de mes trois compagnons de route. Je resterais alors penaud, me préparant à annoncer l'échec de ma tentative aux parents des trois jeunes, qui privilégieraient irrémédiablement les jeux vidéo au ski…

Cependant, et exactement au même moment, une autre image prend le dessus et émerge à ma conscience, en lien avec ce que formulait Denis. En effet, je remarque que les nuages dont il faisait référence sont disposés d'une manière suffisamment originale pour être remarquée : une première couche de nuages recouvre la montagne par-dessus nos têtes nous empêchant de voir le ciel ; tandis qu'une seconde couche de nuages couvre le bas de la station, interdisant tout regard sur la vallée. Ainsi, nous étions aux prises de ces deux couches de nuages, sans toutefois être techniquement pris dans le brouillard en tant que tel.

Alors, automatiquement, je signale cette configuration météorologique particulière à mes trois compagnons de télésiège ; et assez naturellement laisse aller mon imagination alors que je signifie : « c'est comme si on était à l'intérieur d'un hamburger géant ! ». Je ressens alors mon esprit flotter et entreprends de continuer la description de ma métaphore en faisant passer les deux couches de nuages pour les deux tranches de pain du hamburger, et la forêt pour la salade, lorsque je vois les yeux du cadet de la troupe, Rémi, s'illuminer soudainement. Ce dernier adhère alors complètement et instantanément à mon histoire, et me coupe la parole en s'exclamant et en agrémentant le récit de multiples autres métaphores. Très vite, ses deux camarades lui emboîtent le pas, et nous passons le reste de la montée du télésiège à associer librement sur ce sandwich imaginaire.

Ainsi, en quelques instants, nous passons d'un état où nous étions à la limite de rentrer à la maison en raison de l'ennui et des mauvaises conditions climatiques, à un état dans lequel nous sommes plongés, véritablement immergés au sein d'une image de casse-croûte géant, jouant tour à tour le rôle de grain de sel, de poivre ou encore de ketchup ou mayonnaise selon la couleur respective des skis ou vêtements de chacun.

Alors notre perception de la réalité des dimensions s'en trouve modifiée, comme hallucinée, et nous décidons de partir à l'exploration de cet énorme burger, au moyen de nos skis.

Je me sens pleinement pris par ce jeu et constate que les enfants aussi sont entrés dans un état modifié de conscience que l'on pourrait apparenter au concept de conscience activée. Le groupe élaborait ensemble l'histoire et l'environnement dans lequel il évoluerait, en étant pour l'occasion pleinement connecté à ses perceptions.

En effet, c'est à partir de ce que nous ressentons, percevons au contact de l'environnement naturel et des interactions avec les autres membres du groupe que nous proposons des modifications ou ajouts dans le scénario du jeu en cours.

Ainsi, assez rapidement et sous l'impulsion commune des trois enfants, nous nous retrouvons à traverser de part en part le hamburger / domaine skiable, et ce afin d'échapper aux coups de mâchoires terrifiantes du géant qui était forcément en train de manger ce sandwich. Nous skions dans la salade / forêt pour ne pas que le géant nous aperçoive, nous sautons une bosse afin de traverser depuis la tomate / piste rouge jusqu'au poivron / piste verte, nous prenons les télécabines comme pour se cacher dans un œuf, nous observons les mouvements des nuages pour anticiper par quel morceau le géant croquerait son sandwich et ainsi nous nous dirigeons en fonction d'un bout à l'autre de la station, etc etc.

Bref, tout devient métaphore, et nous évoluons dans un environnement onirique au sein duquel nous sommes vraisemblablement pleinement plongés.

L'expression sur le visage des enfants est métamorphosée, et démontre d'un signe explicite d'état de "transe", à la manière dont il est décrit dans les théories des techniques d'activation de conscience. De plus, l'émotion provoquée par le plaisir ressenti lors de ce jeu est palpable.

Cet état modifié de conscience ne constitue en fait rien d'exceptionnel dans la mesure où il apparaît chez tout un chacun fréquemment, au quotidien. Ici, il peut aussi être rapproché du concept de "flow" développé par le psychologue Mihaly Csikszentmihalyi, dans le sens où l'accordage entre l'environnement et les ressources de la personne est optimal.

Ainsi, selon mes recherches et expériences, le fait de favoriser l'émergence de cet état permet aux différents acteurs d'adopter une posture optimale à ce pourquoi ils sont là ensemble, dans cet environnement particulier.

Denis, Julien et Rémi ont soudainement oublié qu'il y a seulement quelques minutes, ils désiraient, sous l'impulsion de l'aîné, rentrer à la maison. Au contraire, nous passons tout le reste de la matinée à skier, comme pris dans une autre dimension d'espace et de temps.

Il est ici intéressant de noter que l'histoire imaginaire ainsi formée englobe dans son architecture l'ensemble des éléments naturels qui nous entourent. Chacun de ces éléments est ramené puis transformé pour jouer un rôle particulier dans la mise en scène. Les enfants prennent donc appui sur les nuages, les arbres, les divers mouvements de terrain de la montagne, en vue d'y projeter des frasques de leur imagination.

Ainsi, le système dans lequel nous évoluons est complètement sollicité, à savoir les enfants, moi et notre environnement naturel. En effet, c'est à partir des ressources imaginatives de chacun que la situation groupale se construit de manière processuelle. Ces ressources imaginatives sont elles-mêmes issues des perceptions de l'environnement naturel d'une part, et des interactions avec les autres protagonistes d'autre part.

Les perceptions sollicitent ici nombre de canaux sensoriels. La vue, l'ouïe et les sensations kinesthésiques sont directement stimulés par des éléments de la réalité autour du jeu : la nécessité d'observer la montagne, les échanges verbaux avec les camarades, les sensations procurées par les glissements à skis. Par ailleurs, le goût, l'odorat et le toucher sont quant à eux sollicités par les images mentales métaphoriques qui composent notre histoire d'hamburger géant.

Nous nous adonnons alors à un véritable voyage sensoriel situé dans un entre-deux alliant l'onirique au réel. En outre, cette mobilisation qui balaie l'ensemble des canaux sensoriels constitue, selon les experts, la base de l'induction d'un état de conscience pleinement activé.

Lorsque l'heure fut venue, j'orientais délicatement le groupe vers la construction d'une fin à l'histoire, vers une éventuelle sortie qui nous rapprocherait psychiquement et géographiquement du repas de midi et des adultes avec qui nous avions rendez-vous.

Pendant la période de jeu, les enfants donnaient l'impression de se trouver dans un état d'ébullition psychique et physique extrêmement intense. Les idées et propositions fusaient, et il s'agissait alors de leur donner une forme au travers de l'action motrice sur les skis.

L'apprentissage du ski était purement intuitif. Les tâches et consignes à exécuter étaient créées et formulées par les enfants eux-mêmes, parfois légèrement recadrées par mes soins selon ce que je ressentais à propos de la situation en termes d'apprentissages techniques et de gestion de la sécurité du groupe et des autres.

Ici, toute la subtilité du moniteur de ski réside dans une fine et adroite quête d'un équilibre, d'une articulation entre deux processus : d'une part, laisser l'apprenant aller chercher intuitivement les situations, les ressources, les éléments dont il a besoin d'une manière extrêmement personnelle pour son apprentissage, sa progression. Et d'autre part, assurer un cadre suffisamment sécurisant et rassurant pour la subjectivité du skieur, et qui l'entraîne vers une direction constructive et dynamique.

Cet équilibre, cette articulation n'est bien entendu non pas figée, installée, mais en constant mouvement, remaniement. Elle peut être appréhendée un peu à la manière du funambule qui évolue sur sa corde, et qui prend bien soin de ne tomber ni d'un côté ni de l'autre, en réajustant sa position constamment et en temps réel tout en avançant, englobant la totalité des paramètres influant sur son équilibre : l'éventuel mouvement de la corde, les conséquences de ses mouvements et des réajustements précédents, les conditions météorologiques comme par exemple le vent, son état psychique, ses pensées influant sur sa concentration, etc...

L'idée, ici, est de permettre à l'apprenant de révéler ses propres ressources, de lier ses richesses si particulières et si individuelles avec des éléments de réalité extérieurs, pour former une image motrice créatrice complètement adaptée à l'ensemble des caractéristiques de la personne, en lien avec les exigences de l'environnement extérieur, ici et maintenant.

, le moniteur de ski ne doit pas se positionner en tant qu'expert, au sens de « celui qui sait », celui qui dicte ce qui est bon pour son élève ; mais plutôt comme celui qui révèle, au sens photographique du terme, aux yeux du monde extérieur, des ressources et capacités internes à l'élève, peut-être encore inexplorées, insoupçonnées jusqu'alors.

Pour ce faire, il tâche de relier cette partie inconnue du moi de l'élève avec des éléments situationnels réels au contact desquels les richesses du skieur pourraient s'exprimer.

Le fait que cette partie soit encore inconnue, parfois pour la personne elle-même, présuppose donc par définition que le moniteur doit bien se garder de prétendre être en mesure de porter un jugement personnel sur ce qui est bon pour telle ou telle personne.

Nous reviendrons et illustrerons d'exemples ces pensées ultérieurement.

Le moniteur porte la subtile tâche de favoriser l'expression au grand jour de ce qui était jusqu'alors contenu dans la partie d'ombre de son client ; masqué ou enfermé pour diverses raisons ou divers facteurs tels que par exemple la peur ou l'anxiété pour ne citer que le plus basique.

Le moniteur ne doit donc pas être vécu comme limitant ou imposant ; au contraire, le cadre d'apprentissage qu'il adopte doit rassurer et sécuriser l'élève, et à la fois lui permettre d'explorer des horizons potentiellement nouveaux que ce soit pour le skieur et pour le moniteur. Bref, il s'agit là de favoriser et de se laisser toucher par l'acte créatif par excellence. Nous notons ici au passage l'importance du rôle donné à la nouveauté et à la créativité dans les récentes découvertes des neurosciences, notamment en lien avec la plasticité cérébrale.

Ainsi, nous nous inscrivons là dans une vision holistique de l'acte d'enseignement, dans le sens où n'est pas préconstituée une marche à suivre, un protocole analytique divisé en étapes successives. Le chemin ici s'insère dans une logique processuelle ; d'un processus qui s'établit pour et avec chaque client particulier, et qui s'autorégule et évolue à chaque instant, profitant de ce qu'il était la seconde d'avant pour devenir ce qu'il sera la seconde d'après, et ainsi de suite.

Alors, il apparaît que l'état modifié de conscience tel que je l'ai décrit avec l'état de conscience activé constitue un outil favorisant l'émergence et la mise en œuvre de ces délicats processus.

Revenons un instant à Denis, Julien et Rémi. L'entrée, pour le groupe, dans cet état modifié de conscience lui permit de remodeler l'investissement et les émotions éprouvées en lien avec l'activité en cours. Ainsi, la constitution et la mise en œuvre de l'histoire du hamburger géant plaça les skieurs dans des situations multiples et variées. Chacune de ces situations sollicitait une habileté particulière, de par la configuration motrice qu'elle exigeait.

Par ailleurs, il est essentiel que le moniteur dispose d'une large et importante connaissance et maîtrise de l'activité qu'il enseigne. Comme nous l'avons noté, il n'use pas directement de son expertise dans une relation hiérarchisée. Au contraire, c'est l'élève qui est replacé au centre de l'acte d'apprentissage.

L'expertise du moniteur lui permet de se constituer un cadre interne suffisamment ancré, suffisamment stable pour pouvoir se laisser toucher par les diverses créations et suggestions des clients, et venir alors mettre ces derniers au travail « de l'intérieur », en partant de ce que propose spontanément la créativité du skieur, au travers d'un état de conscience modifié.

Il s'agit ici de renverser en quelque sorte nos habitudes d'enseignement. En lieu et place du traditionnel cours lors duquel le moniteur propose une situation d'apprentissage à laquelle l'élève tente de s'adapter, de s'y conformer, le principe de base serait de solliciter le pouvoir créateur du client, en vue de prendre comme point de départ de l'enseignement quelque chose qui appartienne fondamentalement au skieur.

Ainsi, en privilégiant des situations qui connectent le skieur avec ses sensations, avec son environnement, le moniteur favorise chez son client l'émergence d'un état modifié de conscience, que nous avons décrit comme état de conscience activé. Cet état de conscience va stimuler, catalyser la créativité du skieur, et le moniteur tâchera d'apprendre à capter, à ressentir certains éléments de cette créativité afin de la lier à des éléments du contexte situationnel permettant de faire progresser l'élève sur les skis. C'est à cette étape précisément que l'expertise du moniteur intervient en ce sens qu'elle permet à ce dernier d'adapter les éléments fondamentaux de la maîtrise technique des skis à ce que vient d'amener le client.

Revenons un instant à l'importance pour l'enseignant de partir de ce qu'amène le skieur.

Comme nous l'avons noté, l'émergence d'un état de conscience activé chez l'apprenant permet à sa créativité de s'exprimer. Alors, on se rend vite compte que la créativité est extrêmement personnelle, qu'elle provient de quelque chose du moi de la personne qui définit fondamentalement et particulièrement ce qu'est cette personne.

L'idée est alors d'utiliser l'état modifié de conscience et la créativité qui en découle comme un moyen pour se connecter, pour accrocher quelque chose de fondamentalement unique à la personne.

À partir de là, l'expertise de l'enseignant fera le reste, à savoir créer des liens entre ces richesses individuelles ainsi révélées et l'environnement extérieur ; permettant alors au skieur de travailler ses aptitudes techniques sur les skis à partir de ce qu'il est vraiment, de ses richesses, aptitudes et possibilités contenues au sein même de son for intérieur. Tout ceci évidemment en lien avec son but et le contexte situationnel.

Cette approche permet un enseignement complètement individualisé par essence, puisque c'est à partir de ce qui caractérise personnellement chaque individu que la situation d'apprentissage prend sa source.

Ainsi, au cours du jeu du hamburger géant, mon rôle consistait à venir utiliser, profiter des mises en scène des enfants et des actions motrices qu'elles provoquaient ; en vue de mettre au travail des éléments judicieux et adaptés à la progression technique de mes élèves. La structure de la tâche motrice est donc ici auto-créée par les enfants eux-mêmes – et c'est en ce point qu'elle est d'autant plus puissante –. Quelques détails seulement sont remodelés par mes soins afin, entre autres, d'orienter légèrement la direction du processus de création, puisant dans mon expérience et ma connaissance du ski alpin.

Nous avons évoqué les avantages présentés par l'état de conscience activé chez l'apprenant. Parallèlement, puisque nous avons fait le lien entre état de conscience activé et émergence de la créativité, il apparaît naturel que cet état de conscience soit également entièrement profitable au moniteur lui-même au cours de son acte enseignant. Cela en vue d'adopter une position qui soit en phase avec le client, en total accordage ; et de profiter de cette sensibilité exacerbée pour y exprimer la quintessence de son expertise en toute créativité.

C'est cette communication particulière, entre les deux acteurs du système d'apprentissage, eux-mêmes réceptifs aux variations de l'environnement extérieur qui les accueille, qui permet d'engendrer un processus pédagogique particulier, unique, évolutif et extrêmement puissant.

De cette manière, toute la matinée fut occupée à échapper au géant qui était en train de manger le hamburger dans lequel nous skiions. Chaque situation motrice était alors vécue par les enfants d'une manière hallucinée, en lien avec l'histoire imaginée. En tant que moniteur, je profitais de chaque situation amenée par le jeu pour, en accordage avec telles ou telles aspérités du terrain qui se présentaient à nous, venir mettre l'accent sur un certain nombre d'éléments précis fondamentaux dans l'évolution de la pratique du ski alpin.

Denis, Julien et Rémi ne voyaient plus le temps passer, et je dus orienter progressivement le jeu vers son épilogue en vue de rejoindre les parents à l'heure prévue.

Les retrouvailles se firent avec un large sourire sur le visage de chaque enfant, et donc consécutivement de chaque parent, et chacun profitait de ce moment pendant lequel les enfants exprimaient en racontant l'histoire du géant combien ils s'étaient amusés et avaient pris du plaisir.

Quelques minutes après être sortis du jeu, les enfants affichaient des signes d'une intense fatigue, certainement due aux efforts fournis pendant la matinée.

Les parents témoignaient leur grande surprise quant à ce revirement de situation d'une journée à l'autre, et je fus embauché jusqu'à la fin de leurs vacances auprès des trois garçons.

Le reste de la semaine se déroulait avec la même prospérité ; l'entente et la communication entre les enfants et moi restant optimales.

La relation avec les adultes dont ils avaient l'habitude et dont ils cherchaient inconsciemment la répétition avec moi s'était complètement tue. Nous avions dépassé ce mode relationnel basé sur la provocation et la punition.

Par ailleurs, il est intéressant de remarquer que, durant les jours qui suivirent, aucun des membres du groupe ne cherchait à répéter le jeu du hamburger ou une quelconque variante. Comme nous le remarquions avec la situation d'Alan, l'acte créatif au cœur du lien pédagogique représente quelque chose qui émerge au moyen d'une complète imbrication des divers acteurs du système d'apprentissage. Il s'observe lors d'un instant particulier, au cours duquel il semble que les différentes parties du système mises à l'œuvre soient tournées les unes vers les autres, dans une réceptivité productive qui permet une pleine communication.

De la même manière qu'avec Alan et la proposition du jeu de la pêche aux requins, l'idée du hamburger géant fait directement mouche chez Denis et ses acolytes. Elle représente une sorte de "déclic" à partir duquel le cours prendra une tournure fondamentalement différente. En effet, le plus jeune garçon se saisit immédiatement, quasi instantanément de ma proposition de l'histoire du hamburger géant. Il me coupe la parole et associe comme automatiquement en prenant à son compte la suite de la création de l'histoire.

Le caractère extrêmement soudain de son intervention amène à penser que ma suggestion onirique avait touché quelque chose chez lui ; quelque chose qui aurait déclenché une réaction émotionnelle particulière, induisant ainsi l'émergence d'une certaine activation de son état de conscience et l'expression d'une créativité constructive.

Ainsi, d'un point de vue extérieur, il apparaît que ce "déclic" marque une véritable frontière. Celle entre une partie du cours plus ombragée, plus terne, essentiellement constituée d'observation, du lent et progressif processus d'accordage entre les membres du système ; et d'une partie du cours plus lumineuse, plus éclatante au cours de laquelle l'émotion, l'action sont au rendez-vous.

Si la seconde partie semble représenter ce vers quoi nous souhaitons invariablement tendre, la première phase ne demeure néanmoins pas à sous-estimer.

En effet, elle est fondamentale dans la mise au point de l'accordage entre les différents acteurs du système d'apprentissage.

Ce travail sous-jacent, dans une observation balayant un large panel de canaux sensoriels, permet d'exacerber une sensibilité empathique et ainsi se trouver en mesure de percevoir une image globale et hypercomplexe de la situation actuelle. Cette image sera traitée en aval par les processus relatifs à un état de conscience activée, qui offrent la possibilité d'un traitement cognitif plus profond, plus complexe que le raisonnement cartésien habituel. En effet, ces processus vont mobiliser des données de manière plus large, faire la synthèse de plusieurs paramètres qui ne pourraient apparaître simultanément à la surface de notre conscience. Ainsi, ce profond traitement cognitif va condenser toute l'information qui lui semblera utile, et favoriser l'émergence de l'essentiel, sous une forme particulière et créative.

Revenons à nos exemples sur les skis ; l'essentiel, dont nous venons d'expliciter l'éclosion, est ici représenté par les brefs instants que nous nommions "déclic" : par la proposition du jeu de la pêche aux requins pour Alan, et celle du hamburger géant pour Denis, Julien et Rémi.

À chaque fois, une phase plutôt passive d'observation, de mise en place de l'accordage se conclut en une proposition créative effectuée par mes soins, et qui vient dans les deux cas toucher quelque chose de significatif chez mon interlocuteur, induisant les conséquences décrites auparavant.

En ce sens, la première phase est fondamentale. Elle contribue à la mise en place chez le moniteur d'une posture vouée au service de l'écoute de son client.

C'est en sondant et en explorant le système d'apprentissage au moyen des opérations précédemment énoncées, que le moniteur se trouve en mesure de partir de ce qu'est vraiment le client, ici et maintenant.

L'hypothèse retenue est le principe selon lequel l'individu contient en lui-même les réponses et ressources relatives au problème qu'il se pose, ou au but qu'il se fixe.

L'idée est donc d'utiliser ces richesses personnelles, de les activer en vue de les amplifier, les relier au contexte environnemental pour finalement les révéler, les exprimer au grand jour.

C'est donc dans l'investigation et la découverte du soi personnel que le client et le moniteur avancent, comme deux explorateurs en terre inconnue, dans la conquête de possibilités et de richesses restées jusque là cloisonnées.

« Le virage du Tyrannosaure Rex » :

En cette belle matinée ensoleillée, au beau milieu des vacances scolaires de février, j'ai rendez-vous pour la première fois avec Nicolas, cinq ans, afin de l'accompagner pour ses débuts sur les skis. Dès les premiers instants, Nicolas se présente à moi comme un petit garçon réservé, mais plutôt touchant, la tête un peu dans les nuages. Le père, aimable et bienveillant, demande à rester auprès de nous pendant le cours. J'accepte, car j'ai pour habitude, lors d'un premier contact, de prendre pour point de départ de la leçon le désir du client.

L'objet de ce premier cours était d'accompagner Nicolas pour ses premiers pas sur les skis, en présence du père. Nous nous dirigeons alors vers l'espace débutant composé d'un petit téléski et d'une pente douce. Nicolas semble sur la défensive, timoré, ne quittant pas son père d'une semelle.

Lors de mes années d'expérience en école de ski, j'avais souvent observé les autres moniteurs, dans cette situation particulière, séparer volontairement l'enfant du parent, et demander à l'adulte de s'éloigner. En effet, il n'est pas rare de remarquer des parents qui, en suivant leur enfant pendant le cours, se positionnent au milieu du canal de communication formé entre le moniteur et l'enfant. Ainsi, parfois, suite à une phrase prononcée par le moniteur à destination de l'enfant, les parents répètent mot pour mot ce que le moniteur venait de formuler. Comme si cette opération facilitait la compréhension de l'enfant. Or, un véritable filtre parental s'installe entre le moniteur et l'enfant. Dans la majorité des cas, on constate que ce filtre parental est teinté de nombreuses émotions vraisemblablement en lien avec la dynamique familiale en jeu. L'intonation lors de cette réénonciation est alors colorée différemment, et l'accentuation n'est plus portée sur les mêmes mots-clés qu'au cours de la formulation du moniteur.

L'enfant se trouve alors pris entre deux consignes contenant le même vocabulaire, mais dont l'habillage et le coloriage émotionnel diffèrent fortement de l'une à l'autre, voire pourraient entrer en contradiction. Alors il devient compréhensible que le moniteur tente de se libérer de l'influence parentale pendant son cours.

Ainsi, au vu du comportement initial de Nicolas, j'aurais pu renverser ma décision, et expliquer au père qu'il serait difficile de tenter quoi que ce soit en sa présence. Pourtant, mon intuition me dictait une autre direction, et je décidais de poursuivre dans cette configuration. Cela s'avérerait par la suite judicieux, car contrairement à ce que nous venons de décrire, le père n'allait pas occuper une position filtrant la communication entre Nicolas et moi ; mais se positionnait de manière à respecter complètement la place de chacun au sein du système d'apprentissage. Sa présence formait alors une sorte de triangulation intéressante dont nous tirerons progressivement avantage.

Nous commençâmes alors par chausser les skis et effectuer quelques glissements. Extrêmement timide, Nicolas ne semblait pas du tout rassuré, se plaignait au moindre déséquilibre et son langage corporel exprimait toutes les craintes avec lesquelles il semblait en proie. Son père mettait, lors de ces moments, en scène une situation de jeu dont Nicolas avait apparemment l'habitude d'apprécier. Nicolas accrochait instantanément aux propositions de son père, et enrichissait les histoires ainsi créées d'éléments issus de son imaginaire d'enfant.

Très vite, je ressentis et compris que Nicolas se présentait comme un petit garçon particulier, extrêmement sensible et émotif, mais doté d'une puissante intelligence ainsi que d'une imagination et d'une créativité débordantes.

Ainsi, nous alternions des moments de glissements sur les skis avec des temps de jeu en compagnie du père, qui savait s'y prendre dans la gestion des émotions de son fils. Ce support fut essentiel pour moi et me permit d'appréhender et d'intégrer plus rapidement le fonctionnement de Nicolas, plutôt que de tâtonner seul avec lui, dans l'exploration de ses processus psychiques personnels comme j'avais pu l'expérimenter par exemple avec Denis, Julien et Rémi.

Grâce au respect qu'entretenait le père quant à mon rôle et mon travail, je pouvais lui laisser cette place dans l'organisation de mon cours, ce qui me permettait d'observer les jeux mis en scène entre le père et le fils. Une importante quantité d'information me parvenait alors, que j'intégrais peu à peu à la construction de la représentation que je me faisais de Nicolas. Ses centres d'intérêt, sa manière d'interagir, les différentes situations de jeu proposées par le père, etc etc. Bref, tout un ensemble d'éléments fondamentaux auxquels j'avais accès et que je pourrais utiliser par la suite dans les situations d'apprentissage que je proposerai à Nicolas.

Ainsi, entre deux glissements, Nicolas combattait Dark Vador – son père – sous le costume imaginaire de Skywalker ; se mettait dans la peau d'un loup que son père et moi – les chasseurs – devions traquer ; ou encore inventait de courtes histoires dont les personnages principaux étaient des animaux comme par exemple des dinosaures, représentées par les petites figurines en plastique qu'il avait emmenées avec lui.

Ce dispositif particulier plaçait d'emblée Nicolas dans un état de conscience élargi et associait les premières sensations de glissement sur les skis à son monde imaginaire, esquissé par des combats de super héros et autres péripéties animales.

Le travail sur les skis s'en trouvait facilité, étant donné que l'imaginaire et la créativité fonctionnaient d'emblée à plein régime, essentiellement grâce à la présence du père. En effet, ce dernier ne se souciait aucunement de l'apprentissage du ski, il me laissait l'entière gestion et la responsabilité de cet aspect. Quant à lui, il tenait avec brio le rôle de celui qui accompagne Nicolas dans les aspects émotionnels, échangeant avec ce dernier sur un plan plus onirique.

Je remerciais alors mon intuition qui ne m'avait pas poussé à séparer Nicolas de son père pour le cours, malgré la tournure initiale.

Nicolas commençant à trouver peu à peu son équilibre, vint le moment de monter au petit téléski aménagé sur le côté de la piste.

Ce jour là, j'avais observé que Nicolas avait, d'un côté, peur de la nouveauté et des conséquences qu'elle pourrait engendrer, certainement de par son hypersensibilité. D'un autre côté, Nicolas étant doté d'une grande intelligence, il intégrait rapidement les éléments nouveaux lorsque le moment était venu pour lui de les intégrer, une fois l'émotion domptée. Ainsi, Nicolas pouvait s'ennuyer très vite lorsque quelque chose devenait trop répétitif et que l'aspect créatif perdait de l'intensité. Un certain enjeu avec lui ce jour-là résidait alors dans la quête d'un équilibre entre d'une part distiller la nouveauté au rythme où Nicolas pouvait la tolérer, et d'autre part faire en sorte que chaque instant fût suffisamment novateur pour être attractif pour Nicolas.

Le champ imaginaire offre une excellente voie consensuelle.

Après que Nicolas eût surmonté la peur de la première montée en téléski, la longueur de celle-ci commençait déjà à l'ennuyer au bout de quelques allers et retours. Alors il fut possible de continuer lorsque son père proposa à son fils que la montée en téléski allait recharger son pistolet magique dont il pourrait se servir lors de la descente.

Nous partîmes alors avec ce pistolet imaginaire qui remotivait instantanément Nicolas. Puis, nous cherchions quelques cibles à abattre avec son arme ainsi chargée.

Le lendemain se déroulait sur le même mode opératoire, moi qui gérait la partie sur les skis tandis que le père permettait un accordage instantané avec les émotions de son fils.

L'état d'anxiété chez Nicolas s'intensifiait lorsqu'il prenait conscience qu'il était comme "attaché" malgré lui sur des skis, et que quelque chose de particulier était attendu de lui.

Alors je ne cherchais pas à inculquer à Nicolas une position particulière des skis comme par exemple c'est couramment le cas avec le chasse-neige.

Habituellement, le chasse-neige est une des premières habiletés que les moniteurs de ski tentent d'enseigner aux enfants, afin de développer chez eux l'acquisition d'une certaine autonomie, notamment dans la maîtrise de leur vitesse et trajectoire.

Mais je ressentais bien que les particularités et la sensibilité de Nicolas ne lui permettraient pas de suivre le chemin classique de la progression technique du ski.

Pourtant, je ne considérais pas les singularités de Nicolas comme des lacunes dans tel ou tel domaine en comparaison avec ce que l'on peut observer chez d'autres enfants. Au contraire, je percevais les comportements de Nicolas comme l'expression directement observable de ses richesses intérieures ; et l'accompagner dans ces processus était pour moi comme l'aider à créer un lien entre ses ressources personnelles si originales et le contexte situationnel dans lequel il évolue. Mon hypothèse repose sur l'idée que la simple existence de ce lien va permettre à l'enfant d'exprimer, de révéler ses propres capacités ; ce lien va positionner l'enfant dans un processus au sein duquel il va peu à peu créer lui-même son chemin de progression, en fonction de ses richesses et de ses besoins, dans l'ici et maintenant. En d'autres termes, l'enfant va être en mesure de se réaliser, de s'épanouir pleinement dans l'activité sportive ; et ce quelque soit son âge, ses caractéristiques, ses forces et ses faiblesses.

Essayer coûte que coûte de "faire rentrer" Nicolas dans le schéma prédécoupé de l'apprentissage du ski alpin aurait assurément représenté une erreur absolue dans l'accompagnement pédagogique de cet enfant en particulier.

Ainsi je suivais et entourais Nicolas à partir de ce qu'il était vraiment ce jour là, de ce qu'il était possible pour lui à ce moment là, bien aidé par son père qui catalysait l'expression de cette partie plus cachée de son fils.

Je laissais alors Nicolas profiter au maximum des instants de glissement qu'il expérimentait pour la première fois de sa vie, alors qu'il était occupé à mettre en scène les histoires qu'il avait l'habitude de se raconter avec son père. Dès que Nicolas prenait conscience qu'il était en train de skier, j'observais aussitôt les muscles de son corps se raidir, son équilibre se détériorer et l'anxiété figer les traits de son visage. Dans ces moments, il convenait de soutenir physiquement Nicolas, le contenir psychologiquement, et peu à peu, à son rythme, reconstruire ensemble une histoire imaginaire lui permettant à nouveau de se trouver dans une posture plus confortable.

Pour moi, et en général avec mes clients, le moment que je recherche, que j'attends tout en tentant d'en favoriser l'émergence, est lorsque le client passe le cap à partir duquel il apprend le ski sans se rendre compte consciemment qu'il est actuellement en train de skier. Cette sorte de "lâcher-prise" permet une activation de l'état de conscience, ouvrant les canaux sensoriels dans toute leur largeur, et effectuant la synthèse profonde de l'ensemble de leurs percepts, avant de les condenser en une action motrice dont la particularité serait d'aller à l'essentiel.

La situation de Nicolas accompagné de son père représentait donc une sorte de pain béni pour moi dans la mesure où tous ces processus semblaient aussi naturels pour Nicolas qu'ils ne le sont pour moi. Mon unique rôle fut de soutenir et valoriser l'émergence et le développement de ces processus afin que peu à peu, Nicolas se sente suffisamment en mesure de pouvoir s'exprimer sur les skis tel qu'il est vraiment, au fond même de son soi, et ce dans une posture créative.

Alors que nous continuions à charger notre pistolet magique lors de la remontée du téléski, je sentis que Nicolas était en mesure de mieux maintenir son équilibre, et je décidai alors de lui permettre d'étendre son champ de perception aux glissements en virages. Je m'étais saisi un peu plus tôt des deux petits dinosaures en plastique que Nicolas avait amenés avec lui. En haut de la piste, je les plaçais sur les spatules de mes skis, et commençais à skier lentement, en marche arrière, m'éloignant peu à peu de Nicolas. Devant son regard interrogateur, je pointai de mon index les petits dinosaures. Il ne lui en fallut pas plus pour se munir de son pistolet imaginaire et partir à l'assaut du « Tyrannosaure Rex ! », comme il s'écriait.

C'est avec un large sourire que Nicolas s'élançait à la poursuite des dinosaures ; il s'agissait alors pour moi de maintenir l'illusion d'une chasse crédible, tout en s'assurant que Nicolas ne prenne trop de vitesse. Je me déplaçais doucement à droite de la piste, puis à gauche, et ainsi de suite, formant des "s" de plus en plus amples au fur et à mesure que Nicolas me suivait. Ce dernier mobilisait toute son énergie dans le maniement de ses skis pour les faire tourner afin de les placer en direction des dinosaures. Nicolas découvrait et expérimentait à ce moment les diverses possibilités dont il disposait dans le but de maîtriser sa trajectoire. Sans aucune indication verbale de ma part, Nicolas essayait par exemple de lever ses skis et de les reposer dans la direction souhaitée. Il acquit à ce moment là l'habileté classée et codifiée par les manuels d'enseignement du ski : le pas tournant. Cependant, il intégrait la coordination de ce mouvement sans que ce soit moi qui décidais du moment au cours duquel il "faudrait" l'acquérir et la travailler.

Ainsi Nicolas réalisait son apprentissage à son propre rythme, en allant chercher des solutions aux problèmes qui se posaient pour lui dans l'ici et maintenant, en puisant dans les ressources dont il disposait. J'étais là pour induire une vitesse de croisière et un rayon de courbe qui favorise l'apprentissage chez Nicolas, et ce, selon ce que je percevais de ses propres capacités.

Mon rôle à ce moment là pouvait se résumer en un ajustement entre les exigences de la situation (la vitesse et la taille des virages des dinosaures que Nicolas poursuivait) et les possibilités inhérentes à Nicolas. Le maintien de ce subtil équilibre, de cet accordage des différents éléments du système d'apprentissage entre eux, permettait entre autres de maintenir Nicolas dans l'état modifié de conscience dans lequel il était plongé, afin qu'il puisse continuer à confronter puis relier ses ressources avec le monde extérieur.

Nicolas prenant plaisir à chasser le Tyrannosaure rex, nous répétions cette configuration encore quelques fois, toujours en suivant son rythme et ses désirs. Peu à peu, en tâtonnant, peut-être Nicolas se rendait-il compte que les pas tournants s'accompagnaient d'un important coût énergétique lors de la chasse, et il découvrait un autre moyen qui lui permettait d'arriver quasiment au même résultat. Nicolas positionnait alors de lui-même son ski extérieur sur la carre afin de décrire une courbe et se rapprocher de ses proies. En faisant varier quelque peu ma vitesse et ma trajectoire, Nicolas pouvait intégrer bon nombre d'informations sensorielles concernant le pilotage de ses skis et leur manière de se comporter sur la neige.

Lors de la dernière heure de cours, nous nous rendions vers un second téléski, d'une longueur un peu plus conséquente, au cours duquel nous étions amenés à effectuer la montée ensemble, étant donné la petite taille de Nicolas.

Au cours de la descente, nous skiions sur une piste au très faible degré de pente, exceptés deux passages lors desquels j'aidais physiquement Nicolas.

Ce parcours représentait une véritable aventure pour Nicolas de par sa longueur et le fait que nous ayons changé d'endroit. Nicolas m'exprimait des signes d'anxiété quant à ce changement de piste, et s'y montrait réticent. Le fait que nous fassions la montée ensemble le rassurait, et nous partîmes en direction du sommet du téléski. Pendant le temps de la montée, je décidai de proposer à Nicolas d'imaginer le scénario d'une histoire que nous jouerions ensemble pendant la descente. Nicolas choisit alors les personnages, un lapin, un renard ou encore un ours qu'il insérait au sein d'une courte aventure imaginaire. Arrivés au sommet, je lui fis distribuer les rôles, et nous partions mettre en scène sur nos skis l'histoire, chacun dans la peau de son personnage respectif.

Ainsi, j'avais peu à peu intégré les précieuses informations que le père m'avait fournies lors de ses échanges avec son fils, et je pouvais désormais à mon tour ajuster mon mode de communication au plus proche de Nicolas.

De plus, nous utilisions le passage dans la forêt, les branches des arbres ou les différents plis proposés par la montagne dans notre mise en scène, comme un décor de théâtre. Un peu à la manière de la situation du hamburger géant précédemment décrit, l'histoire imaginaire vient complètement s'inscrire au cœur même du système d'apprentissage, et joue le rôle d'un canal qui en relie les différents éléments. Ainsi, Nicolas évolue dans une sphère dans laquelle ma présence et les éléments de la piste de ski viennent jouer leur rôle simultanément sur deux plans : celui de la réalité concrète, et celui du domaine onirique, imaginaire.

Nicolas peut alors aisément éprouver un certain nombre d'expériences sensorielles les skis aux pieds, et ancrer ces schémas sensoriels au moyen d'émotions positives en lien avec des projections de son imaginaire intérieur ; puisque c'est lui-même qui a décidé et créé les tenants et les aboutissants de l'histoire mise en scène.

Toute la fin du cours se déroulait sous ce modèle, et, l'heure venue, je laissais Nicolas et son père profiter avec le sourire des émotions de leur séjour au ski.

Il est à noter que je n'ai à aucun moment volontairement cherché à enseigner quelque chose de particulier à Nicolas. J'ai plutôt laissé ce dernier faire un certain nombre d'expériences sensorielles sur ses skis en glissement, en favorisant l'émergence d'émotions positives et d'un accordage du système d'apprentissage au plus proche de Nicolas.

L'année suivante, à la même période de l'hiver, je retrouve Nicolas accompagné de ses parents et d'autres membres de sa famille. Cette fois-ci, ce sont six journées de ski qui nous attendent, et que nous organiseront au rythme des possibilités de Nicolas, de la météo et des temps de repos.

Nicolas semblait particulièrement heureux de me retrouver, et ses souvenirs de ses deux matinées passées l'an dernier sur les skis semblaient empreints d'émotions positives. Ainsi, une fois arrivés en haut d'une télécabine offrant une large vue sur un paysage de montagnes et de forêts enneigées, Nicolas, le regard porté à l'horizon, s'exclama : « oh ! je reconnais ici ! On était ici l'an dernier ! ». Pourtant, nous nous trouvions cette année dans une station située à quelques dizaines de kilomètres de là où nous avions skié un an plus tôt. Probablement était-ce seulement la seconde fois de sa courte vie que Nicolas se trouvait sur des cimes en plein hiver, et il y retrouvait alors quelque chose d'un percept qu'il avait ancré l'année passée au cœur de sa mémoire, lié à l'environnement naturel montagnard.

Ce lien avec la nature et le contexte environnemental est extrêmement important, d'autant plus dans une activité de pleine nature comme le ski. Les particularités et les variations de ce contexte dépendent d'une multitude de facteurs ; et, en tant que skieur, il s'agit là de les accueillir tels qu'ils sont, en tant que partie intégrante du système dans lequel nous évoluons, afin de profiter et de faire bon usage de l'ensemble des aspérités rencontrées, et interprétées comme sources d'une force énergisante.

Mais nous reviendrons sur ces aspects dans un chapitre ultérieur.

Ainsi, Nicolas se montrait réceptif aux stimuli sensoriels émis par la montagne autour de lui ; et cela constituait une importante ressource pour sa progression.

Nous commencions les premiers glissements, à l'image de l'hiver précédent, dans une subtile quête d'un certain point d'équilibre entre la vitesse de progression de Nicolas sur les skis d'une part, et la gestion de ses affects d'autre part.

Cette année Nicolas se trouvait passionné par une série de jeux vidéo dont les personnages comportent chacun des pouvoirs magiques particuliers et dont la mission est de reconstituer la lumière prise par les ténèbres en retrouvant des sources d'éléments naturels. Ainsi, alors que nous glissions ensemble, Nicolas me contait les tenants et les aboutissants de chacun des pouvoirs dont les personnages étaient affublés, leurs forces, leurs faiblesses ; et nous interagissions à savoir lequel nous choisirions et pourquoi.

Ce faisant, nous nous dirigions vers une piste verte qui s'avérerait extrêmement longue, serpentant dans la forêt, et au très faible degré de pente.

Ce terrain convenait parfaitement à la situation pédagogique dans laquelle nous nous trouvions. En effet, la piste était suffisamment longue pour permettre à Nicolas de laisser passer ses premières émotions liées à la crainte du glissement, et de lâcher en quelque sorte prise en interagissant, les skis aux pieds, avec moi et l'environnement naturel. Peu à peu, Nicolas, naturellement, sans que je n'induise aucune injonction verbale, se remémorait comment tourner ses skis, et contrôlait progressivement sa direction selon s'il voulait se rapprocher de moi ou des feuilles d'un arbre par exemple ; et ce à l'instar de la chasse aux dinosaures de l'année précédente.

Je tiens à préciser que nous n'avions toujours pas commencé l'acquisition d'une technique permettant de freiner, s'arrêter ou simplement maîtriser sa vitesse, comme le permet par exemple l'habileté du chasse-neige. En effet, habituellement, dans les standards de l'enseignement du ski alpin présentés dans la plupart des écoles de ski, l'acquisition de cette habileté particulière – à savoir la possibilité de s'arrêter en position de chasse-neige après une prise d'élan de quelques mètres – représente la condition sine qua non pour l'enfant à son accès à la suite des apprentissages techniques du ski.

Or, l'idée qui me traversait l'esprit à ce moment-là me suggérait d'accorder mes enseignements au plus proche de ce qui était possible pour Nicolas, ici et maintenant.

Au vu des craintes éprouvées par Nicolas lorsqu'il prenait conscience qu'il était comme "attaché" à ces deux grands skis, il me semblait extrêmement risqué voire vain de tenter un apprentissage direct du glissement en chasse-neige.

Je choisissais alors l'option de poursuivre le processus impulsé l'an dernier ; et d'accompagner Nicolas dans ses discussions et centres d'intérêt en tentant de les intégrer à la situation de glissement dans laquelle nous nous trouvions.

En profitant de la longue piste extrêmement peu pentue qui nous offrait ses lacets serpentant dans la forêt ; il fut aisé de laisser libre cours à nos discussions, en suivant une certaine liberté d'association d'idées, elles-mêmes réceptives et connectées à l'environnement naturel nous accueillant.

Peu à peu, Nicolas retrouvait les habiletés qui l'an passé lui avait permis d'ébaucher quelques virages sur la neige, alors à la poursuite du Tyrannosaure Rex ; et les développait, fort de l'année de maturité qu'il avait en plus, de notre lien renforcé par ses souvenirs positifs, et de cette piste dont la plupart des segments étaient vécus comme confortables et agréables.

Cette année, Nicolas n'était plus vraiment intéressé par les dinosaures, mais il pratiquait le football, et adorait par ailleurs tout ce qui se rapportait au chiffres, aux numéros dont il était en train d'acquérir à l'école les premières règles mathématiques. Aussi, nous lisions lors de nos descentes la grande majorité des chiffres inscrits sur les piquets en bord de piste, servant à déterminer la longueur de piste restante.

Ainsi ses changements de direction s'affinaient progressivement, se précisaient ; et nous agrémentions ces glissements de plusieurs situations de jeux, sollicitant chez Nicolas un réaménagement permanent de sa posture afin de maintenir son équilibre.

Nous passions la majeure partie des deux premières journées à expérimenter ces glissements et à engranger les informations sensorielles qui nous parvenaient.

Nicolas pouvait donc se déplacer sur les skis à la vitesse générée par le degré d'inclinaison de la pente, et effectuer des déplacements sur le plan latéral pour répondre à un désir ou un besoin consécutif à une situation de jeu par exemple, comme aller déchiffrer à haute voix le numéro du piquet en bord de piste.

Cependant, après deux journées de la sorte, Nicolas ne se trouvait pas en capacité de s'arrêter ni même de réduire son allure. J'étais amené alors, lorsque la pente se durcissait quelque peu, à lui fournir une aide physique lui permettant de ralentir.

Malgré le fait que, répétitivement, je lui démontrais comment je pouvais m'arrêter seul ainsi que les avantages que cela m'apportait, Nicolas n'en éprouvait manifestement aucunement le désir.

En effet, me plaçant dans une posture empathique à Nicolas, je comprenais que ce dernier ne voyait pas l'intérêt de fournir un effort pour s'arrêter. Le faible degré de pente lui autorisait une promenade harmonieuse, agréable, lui permettant d'éprouver et de profiter longuement des percepts liés à l'activité en cours.

Une partie de moi-même insinuait à mes pensées qu'il serait bon que Nicolas acquît une certaine autonomie dans la gestion et la maîtrise de sa vitesse de déplacement sur les skis. Cela lui permettrait de changer de piste et pouvoir varier les déclivités de pente.

Pourtant, une autre partie de moi ne voulut rien imposer directement à Nicolas qui ne vint de lui-même et n'eut de sens dans les processus que nous mettions alors à l'œuvre.

Pourquoi voulais-je tant que Nicolas maîtrisât le chasse-neige ?

Ma propre représentation de ce qu'est la progression d'un enfant de cet âge sur les skis prenait-elle le dessus ?

En effet, classiquement, dans la majorité des cours de ski actuels, l'on tente coûte que coûte d'inculquer à l'enfant cette position de chasse-neige, talons écartés et spatules des skis resserrées, dans le but que le skieur acquière une certaine autonomie dans la gestion de sa vitesse. Il est d'usage de passer autant de temps que nécessaire sur le court téléski où nous nous trouvions les tout premiers matins de ski avec Nicolas ; et ce jusqu'à ce que l'enfant ne maîtrise complètement cette habileté. Il n'est pas rare d'observer certains enfants devoir répéter le même niveau de cours deux hivers consécutifs et ainsi rester durant l'ensemble de cette période sur les quelques mètres de cette piste des premiers débutants.

L'option que nous avions prise avec Nicolas était toute autre. Après deux journées de ski la première année, et deux journées la seconde, Nicolas ne parvenait toujours pas à se freiner lorsque sa vitesse devenait trop importante.

Cependant, il effectuait sur les skis beaucoup plus de distance que si nous étions restés classiquement sur le téléski débutant. Ainsi intégrait-il bon nombre d'informations sensorielles en lien avec les glissements sur les skis.

Néanmoins, si progrès il y avait, ceux-ci demeuraient invisibles aux yeux de tout observateur extérieur. Durant ces deux journées, je ressentais chez moi une impression de stagnation de Nicolas. Certes, il faisait preuve de plus d'aisance lors de nos jeux en glissement, mais cela était considérablement masqué par le fait qu'il ne puisse contrôler sa vitesse, et que je doive constamment lui offrir mon aide physique pour ce faire.

Nicolas ne voyait sans doute pas tout simplement quel intérêt il y gagnerait à acquérir une habileté lui permettant de freiner. La piste extrêmement longue et plate, et mon aide extérieure agissant sporadiquement lui assurait un sentiment agréable de sécurité.

Tout l'enjeu à ce moment précis consistait à fournir une aide permettant d'assurer la sécurité de Nicolas, en prenant garde à ce que ce dernier ne devienne pas dépendant de cette aide et que la fonction de ma présence à ses côtés ne se transforme en un frein pour sa progression, à défaut de lui avoir transmis un frein pour les skis…

Il s'agissait alors pour moi de tâcher d'éveiller chez Nicolas un certain intérêt dans l'acquisition d'un outil pour gérer sa vitesse. En effet, je me refusais à exiger de lui un mouvement particulier de manière directe, présenté comme une injonction. Il fallait que je trouve une situation dans laquelle l'action de freiner représente la condition sine qua non à la réussite de son exécution.

Autrement dit, le fait de ralentir sa vitesse offre à Nicolas des bénéfices lui procurant certaines émotions positives, en lien avec la situation ainsi organisée ; provoquant par la même occasion l'émergence d'un certain intérêt chez Nicolas dans la quête d'un outil lui permettant de se ralentir sur les skis. L'établissement de cette boucle positive évite une certaine chronicisation aliénante de Nicolas liée à mon aide.

Mon but ici était de poursuivre l'idée selon laquelle les ressources nécessaires à Nicolas dans son apprentissage de cette activité sont contenues en lui, et ma présence revêt pour fonction de lier ses richesses personnelles, individuelles à son environnement ; afin que Nicolas puisse s'épanouir dans la découverte du ski alpin, en limitant ses adaptations aux exigences personnelles de tiers, et en ayant l'opportunité de s'exprimer tel qu'il est vraiment, en puisant au plus profond de son soi.

J'élaborais alors quelques tentatives quand soudain le souvenir d'une situation de jeu que j'avais expérimentée quelques années auparavant surgit dans mes pensées.

Je demandais à Nicolas s'il était d'accord pour s'essayer à un nouveau jeu. Devant son intérêt, je lui détaillais mon dispositif. Nous skierons côte à côte sur la piste habituelle, et au fur et à mesure de notre avancement, nous nous lancerons un petit objet, mon gant en l'occurrence, afin que l'autre puisse le rattraper. Le but étant d'effectuer le plus grand nombre de passes possibles sans que le gant ne tombe à terre.

Ce jeu rappelait à Nicolas deux des centres d'intérêt dont il m'avait fait part cette année. Tout d'abord, les passes évoquaient le football, son nouveau sport à Londres, même si elles s'effectuaient ici avec les mains ; et deuxièmement le fait de compter les passes jusqu'au nombre le plus important que nous pouvions assouvissait sa curiosité arithmétique. Nicolas semblait emballé par ce jeu, que nous entreprîmes sans plus attendre.

Nous skiions alors l'un à côté de l'autre, commencions à nous envoyer quelques passes. Alors que je régulais ma vitesse pour ne pas aller trop vite et pouvoir lancer et attraper le gant de manière adéquate, Nicolas, pour sa part, voyait peu à peu sa vitesse augmenter ostensiblement et s'éloignait ainsi de moi et du gant tant attendu.

S'il voulait continuer à jouer, Nicolas devait se rendre compte qu'il lui fallait trouver un moyen pour maîtriser sa vitesse.

Pour ma part, je devais continuer à assurer sa sécurité, le ski étant un sport de pleine nature et la prise de vitesse pouvant être dangereuse, tout en lui montrant que je pouvais continuer le jeu en régulant la vitesse de mon déplacement sur les skis.

Pour ce faire, selon les déclivités de pente et les divers dangers que j'anticipais, nous alternions ce nouveau jeu avec les autres jeux déjà connus lors des deux premières journées. Nicolas continuait à réclamer ce jeu qui lui plaisait vraisemblablement beaucoup. Je mélangeais alors les moments pendant lesquels je conservais une vitesse faible, Nicolas s'éloignant inexorablement de moi ; et les moments pendant lesquels nous accélérions ensemble, afin que Nicolas se rendît compte que nous échouions à rattraper ou lancer le gant correctement en raison de la vitesse trop élevée.

Nicolas multipliait alors avec moi les expériences lui montrant que la seule solution pour profiter pleinement de ce jeu était d'être en mesure de réguler sa vitesse.

La difficulté de l'enseignement ici se situait dans le sens où il n'était que très difficile de laisser l'apprenant expérimenter les conséquences d'une vitesse trop élevée par essai / erreur. Les conséquences d'une prise de vitesse trop élevée peuvent être dramatique pour un skieur débutant. Nous ne manquons pas de voir tout au long des hivers bon nombre de collisions entre skieurs ne sachant freiner correctement. C'est sans doute pourquoi cette habileté est une des toutes premières généralement enseignées dans les cours de ski. Cependant, je ne suis pas favorable à imposer directement un savoir-faire à l'apprenant sans que celui-ci ne puisse vivre par expérience la nécessité même de ce savoir-faire. En vue d'un apprentissage plus profond, plus durable, le désir de l'apprenant doit primer sur les injonctions de l'enseignant. Ce faisant, le skieur va véritablement intégrer ce nouveau savoir-faire au système qu'il s'est créé autour de lui. L'habileté acquise aura un sens pour l'apprenant dans la mesure où il en aura expérimenté le besoin voire le manque.

De plus, il sera moins sujet à l'addiction à cette habileté puisque celle-ci fait sens pour lui dans des situations bien particulières qu'il a expérimentées, et ne lui a pas été enjoint de manière générale et absolue par une figure d'autorité représentant l'expertise. En effet, les personnes ayant appris la position de chasse-neige par injonction dès leurs premières glissades se retrouvent bien souvent comme "bloquées" dans cette attitude pendant une longue période. Paradoxalement, alors qu'à leurs débuts on les suppliait de skier en chasse-neige, des semaines entières de cours seront passées par la suite dans le seul but d'"oublier" ce chasse-neige et de passer au virage parallèle.

Comment le client peut-il trouver un sens à ce qui lui est dit s'il doit faire seulement confiance à son moniteur sans pouvoir réellement faire l'expérience des choses sur les skis ?

La toute-puissance du moniteur qui détiendrait la vérité à propos de ce qui est bon ou mauvais pour le skieur représente un contre-sens pédagogique.

Ainsi, j'ai souvent pu me trouver en présence de clients qui tenaient toute phrase que j'énonçais pour parole d'évangile ; et me sollicitaient également en ce sens. Tout mon travail alors consistait en une réappropriation par le skieur de son système d'apprentissage.

Replacer l'apprenant au centre de son processus d'apprentissage, et élaborer avec lui une co-création dans l'instant de son chemin de progression ; voilà ce qui devrait constituer la base de tout acte pédagogique.

Cela en vue d'accéder au noyau contenant les richesses particulières de la personne, et favoriser leur expression au grand jour, en les liant au contexte environnemental.

Si ces richesses peut-être encore inexplorées par la personne elle-même trouvent dans son environnement quelques aspects avec lesquels elles puissent se connecter, rentrer en communication et faire sens, alors la personne se sentira irrémédiablement prendre le chemin d'un certain épanouissement personnel. En effet, quoi de plus gratifiant que de trouver dans notre environnement des espaces avec lesquels le cœur même de notre essence parvienne à s'exprimer et communiquer pleinement.

Au fur et à mesure de nos avancements agrémentés de lancers successifs de gants, un certain intérêt pour freiner s'éveillait chez Nicolas. Ce dernier observait comment je m'organisais pour ce faire, et commençait à tester divers procédés avec ses skis.

Afin de ne pas se focaliser uniquement là-dessus et avec l'idée de profiter pleinement des diverses aspérités du terrain qui se présentait à nous, nous alternions ce jeu avec tous les autres que nous avions déjà expérimentés, ou avec ceux qui traversaient nos idées.

Puis, vint l'heure de la pause, et nous rejoignirent les parents de Nicolas en vue de goûter. Après une crêpe au chocolat et quelques jeux dans la neige, nous voici repartis sur notre piste préférée. Nous commencions à glisser, et au bout de quelques mètres, lorsque la portion de piste fut favorable, nous entreprîmes à la demande de Nicolas le jeu du gant. Après une petite centaine de mètres et quelques lancers de gants, Nicolas fit tomber le gant sur le sol à la suite d'une mauvaise réception. Le gant lui échappait des mains, tombait sur le sol entre ses skis, et Nicolas emporté par une petite vitesse, le laissait derrière lui.

C'est alors qu'extrêmement naturellement, il se mit à écarter largement les talons de ses skis pour former une position de chasse-neige et ainsi s'arrêter brillamment, à ma grande surprise tellement cela arrivait soudainement.

Nicolas, quant à lui, n'exprimait pas du tout la surprise, mais était complètement absorbé par l'idée de ramasser le gant, qu'il me pointait du doigt. Je le félicitai pour son habileté, ramassai le gant et lui lançai afin de prolonger un peu le jeu. Par la suite, à chaque fois que Nicolas prenait un petit peu plus de vitesse, ce qui aurait mis de la distance entre lui et moi, ou aurait rendu les lancers un peu plus périlleux, il usait à bon escient de la nouvelle habileté dont il avait fait preuve quelques instants auparavant et freinait sa course.

Le chasse-neige de Nicolas paraissait alors complètement naturel, son mouvement était fluide, relâché ; il ne semblait à aucun moment contracter une fibre musculaire qui fût superflue. En effet, on remarque souvent sur les pistes pour débutants des skieurs en train d'apprendre la position de chasse-neige dont le corps est complètement crispé. Les bras et les jambes extrêmement tendus, le skieur s'efforce en grimaçant de reproduire la position de chasse-neige qu'il a vue tant de fois au travers des diverses démonstrations de son moniteur.

Nicolas, lui, avait pris le temps d'engranger suffisamment d'informations lui permettant de ressentir un vif intérêt relatif à l'intégration d'un outil lui permettant de freiner sa vitesse. La réalisation s'en trouvait fluide, efficace et efficiente. En effet, une des particularités de ce type d'enseignement est la capacité chez l'élève à aller à l'essentiel, au moment où cela fait pleinement sens dans le système dans lequel il est plongé, et dont il est l'acteur principal.

Par la suite, je m'attachais à modifier légèrement les situations de glissement ou de jeux afin d'intégrer pleinement cette nouvelle habileté dans les comportements sur les skis de Nicolas.

Ce faisant, une nouvelle surprise m'attendait. Nicolas ne se contentait pas seulement de se freiner ou de s'arrêter avec ce nouveau savoir-faire, il l'intégrait complètement et extrêmement rapidement à l'ensemble de ses autres habiletés. Ainsi, Nicolas effectuait des virages beaucoup plus serrés et maîtrisés, et la piste devenait tout à coup bien trop plate et étroite pour lui ! Naturellement alors, je me dirigeais vers une autre piste « verte », et nous enchaînions des virages dont la maîtrise et la facilité dont Nicolas faisait preuve ne cessaient de m'étonner. Nicolas quant à lui, ne ressentait visiblement aucune sorte de stupeur, me suivait comme si tout cela était naturel, avant de réclamer de jouer une nouvelle fois au jeu du gant, qu'il affectionnait tout particulièrement principalement en raison du comptage du nombre de passes.

En fait, si l'on se positionne depuis les yeux d'un moniteur ayant l'habitude de classifier le niveau de ses clients selon le système classique nationalement établi, Nicolas était tout bonnement passé d'un niveau de débutant à celui d'un intermédiaire comptabilisant déjà plusieurs semaines de ski derrière lui. En effet, si un expert était venu avant le goûter évaluer le niveau de Nicolas à un temps T comme cela s'effectue couramment dans l'enseignement du ski, il ne lui aurait sans doute même pas octroyer le premier niveau de l'échelle de progression. Or, si ce même expert eut opéré son évaluation en fin de journée, Nicolas serait certainement décoré du troisième niveau.

Néanmoins, il semble absolument impossible de sauter deux à trois niveaux de l'échelle standard de progression technique en un après-midi. Comment alors expliquer cet étrange phénomène ?

Si l'on suit de près la progression de Nicolas et que l'on se place de son point de vue, on constate que le fait de ne pas se focaliser sur une acquisition précoce de la position de chasse-neige lui permit de parcourir sur ses skis une distance relativement importante.

En effet, contrairement à l'apprentissage classique du ski consistant à rester sur une piste débutant de quelques dizaines de mètres de longueur jusqu'à l'acquisition du chasse-neige, Nicolas parcourait de longs kilomètres tout en faisant, au moyen des jeux, bon nombre d'expériences sensorielles différentes mettant au travail son équilibre.

Ainsi, on est amené à penser qu'au fil des descentes, malgré le fait que Nicolas n'ait pas encore acquis une compétence lui permettant de s'arrêter, celui-ci restructurait en permanence son image motrice interne, développait l'intégration et le traitement des informations sensorielles qui lui parvenaient de ses skis en glissement ; bref, réalisait des progrès qui étaient majoritairement internes, invisibles à l'œil d'un observateur extérieur, à l'image de la partie immergée d'un iceberg.

Si l'on avait pu penser que le niveau de Nicolas était en train de stagner ; en réalité, Nicolas progressait à son propre rythme (finalement assez élevé contre toute apparence a priori), se saisissait des habiletés et savoir-faire au moment où cela faisait sens pour lui, et les intégrait dans une représentation d'emblée complexe du geste moteur.

Étant donné l'extrême sensibilité émotionnelle de Nicolas, que ce serait-il produit si l'on avait appliqué avec lui les exigences de l'échelle standard de la progression du ski ?

Comment peut-on qualifier d'universel et ériger au rang de méthode un protocole de progression particulier dans un apprentissage aussi complexe ? Dans un tel système, que deviennent les enfants qui ne parviennent à se conformer aux exigences de la méthode toute-puissante disséquant et évaluant selon son propre filtre leurs moindres productions ?

Il n'existe non pas une méthode mais simplement des méthodes, aussi nombreuses que de systèmes d'apprentissage créés.

Je viens par ce récit en présenter modestement une, et expliquer en quoi elle fit sens pour ce garçon-là en particulier, à ce moment-là précisément, en accord avec ces conditions environnementales du moment, et en utilisant les caractéristiques et sensibilités individuelles propres au moniteur, que je représentais alors.

Nicolas démontrait peu après la pause d'un niveau bien supérieur à ce que prévoit la progression standardisée du ski, si l'on se réfère au nombre de jours effectués ; alors que jusqu'à présent il aurait pu être présenté comme un enfant éprouvant des difficultés, voire en échec, "pas fait pour le ski", etc.

Je le constatais tout au long de mes expériences professionnelles, lorsque l'on favorise chez l'apprenant l'accès à son soi de richesses intérieures et l'émergence d'une opportunité permettant de lier ses richesses à certaines parties du contexte environnemental, le résultat s'en trouve systématiquement plus satisfaisant, plus durable, plus puissant, plus créatif.

Ainsi, au fur et à mesure que nous continuions notre chemin avec Nicolas, je me rendis compte que la position de chasse-neige qu'il avait acquise ne se présentait pas comme omniprésente dans ses évolutions sur les skis.

En effet, il est habituel de constater qu'une fois la position de chasse-neige acquise chez le skieur, et certainement de par la manière dont cette habileté lui a été présentée, elle devient rapidement pour le skieur une solution à tout, rassurante, sécurisante, et il devient extrêmement difficile de s'en détacher, de la dépasser, pour évoluer vers d'autres sphères de la progression.

Nicolas, quant à lui, paraissait user de cette habileté comme un outil de plus à l'éventail qu'il possédait pour faire face aux diverses situations qui se présentaient à lui. En effet, il l'utilisait en vue de réaliser des virages plus serrés et plus conduits, maîtrisant ainsi mieux sa vitesse, mais il replaçait naturellement ses skis de manière parallèle lorsqu'il s'agissait de traverser la pente pendant quelques mètres, avant de tourner à nouveau.

Le chasse-neige occupait alors dans les déplacements de Nicolas une place juste, adaptée et adaptable selon les variations de terrain que nous rencontrions.

Nous pûmes très vite nous diriger sur des pistes plus raides, classifiées de « bleues », et poursuivre ensemble ce chemin original et auto-créé.

Aujourd'hui, deux années plus tard, âgé de huit ans, et malgré le fait qu'il ne skie que quatre à six jours par hiver, Nicolas est un skieur qui évolue sur tous les types de pistes des stations où il se rend avec sa famille, est capable de soutenir sur une piste entière de type « rouge » des virages à effet directionnel coupé (c'est-à-dire sans aucun dérapage), ainsi que de s'amuser des variations que lui offrent certaines portions hors-piste, notamment dans la forêt qu'il affectionne tout particulièrement. Mais la chose qui est peut-être la plus remarquable est que, bien qu'il n'ait jamais eu à entendre des conseils techniques sous forme d'injonctions directes, sa posture sur les skis ne souffre d'absolument aucun défaut entravant un quelconque processus dans son glissement. Son attitude donne une impression de facilité, de fluidité, de quelque chose de naturel.

« Montagnes Russes » :

Cela faisait déjà plusieurs années que je me consacrais à l'apprentissage de la langue russe, lorsque je fis la connaissance de la famille Nikolaev, originaire de Moscou. Alexei et Maria se rendaient dans les Alpes Françaises pour la première fois afin de découvrir les activités liées au ski et à la montagne, accompagnés de leurs deux enfants âgés de onze et huit ans, Anatoli et Ksenia.

La maman, Maria, se débrouillait déjà plutôt bien sur les skis, grâce à une expérience passée dans les montagnes de Russie, tandis que le papa et les enfants découvraient pour la première fois ce sport.

Les journées se déroulaient dans la bonne humeur, assortie à des conditions d'enneigement optimales. Nous commencions à skier à une heure assez tardive afin que la famille profitât tranquillement de ses vacances. Les enfants progressaient assez rapidement, laissant derrière eux leur père, en proie à plus de difficultés. Ce dernier se rattrapait lors du repas de midi, au restaurant d'altitude, et reprenait à cette occasion sa place de chef de famille.

Les enfants, au fil des jours, m'investissaient de plus en plus, sans doute heureux de trouver quelqu'un qui pût parler leur langue, et nous nous adonnions à toutes sortes de jeux que je ne connaissais pas pour la plupart, et dont ils m'enseignaient les règles, sous le regard amusé de leurs parents.

La fin de semaine arrivant, nous nous quittions en échangeant nos coordonnées, afin de se retrouver à la même période de l'année l'hiver suivant, à la demande expresse des enfants.

Sensiblement les mêmes conditions climatiques avaient orné de blanc les montagnes Alpines lorsque la famille Nikolaev s'y rendait pour ses secondes vacances à la neige.

Nous avions préalablement convenu de six journées de ski, tout comme l'année précédente. À la demande de la mère, ma présence était essentiellement dévouée aux enfants.

Sur les coups de dix heures, je me rendais à l'hôtel réservé par mes clients, situé à quelques encablures du pied des pistes de ski. Je patientais quelques minutes quand Anatoli et Ksenia sortirent, le pas hâté, le sourire aux lèvres, et se précipitèrent en ma direction pour me saluer avec une chaleureuse accolade.

Sitôt après, ils entreprirent de me raconter toutes les nouvelles qui concernaient leur année écoulée. Les éclats de rire fusaient, leurs récits successifs ne laissaient place à aucun temps mort dans la conversation, et les questions qu'ils m'adressaient ne trouvaient pratiquement jamais leur réponse, sans cesse interrompue par une autre forme de production verbale.

Par ailleurs, Anatoli et sa sœur parlaient souvent simultanément, amenuisant significativement ma capacité de compréhension ; mais là n'était certainement pas l'essentiel à ce moment précis.

L'arrivée de Maria, leur mère, mit fin à la joyeuse cacophonie.

Nous nous saluâmes, et Maria me signifiait qu'ils étaient prêts à partir ; le père de famille étant cette année resté à Moscou, retenu par le travail.

Le contact avec les enfants s'étant automatiquement rétabli, la journée se déroulait sous les meilleurs hospices, à l'image de l'année précédente. Les enfants retrouvaient peu à peu leurs repères sur la neige, dans la bonne humeur communicative.

Le lendemain matin, alors que je m'approchais de l'hôtel à l'heure de notre rendez-vous, j'aperçus devant l'entrée Ksenia, en compagnie d'une autre petite fille et d'une dame, que je n'avais jamais rencontrées auparavant. Cette dernière me saluait, me reconnaissant visiblement ; et Ksenia me présentait alors sa petite sœur prénommée Valia, de deux années sa cadette, accompagnée de sa nourrice. Un sentiment de surprise m'envahit alors, tellement la certitude d'avoir eu à faire avec l'ensemble de la famille l'hiver passé était ancrée en moi.

Valia était donc une fillette de sept ans, mais paradoxalement, dépassait sa sœur aînée de quelques centimètres.

Valia semblait avoir très envie de me saluer, mais, le moment venu, me tournait le dos. Elle ne parlait pas, mais riait nerveusement et se cachait derrière sa gouvernante, en adoptant une posture que l'on aurait pu interpréter comme celle d'un enfant en bas âge.

Au fur et à mesure de la discussion, Valia intervenait de manière extrêmement impromptue, coupait soudainement la conversation en lançant de sa voix aiguë de courtes phrases, sous la forme d'interjections, m'étant destinées, et abordant plus ou moins l'idée que nous allions skier ensemble. Immédiatement après ses interventions, Valia s'en retournait dans les jupons de la nourrice, desquels s'échappaient alors un rire nerveux et étrange.

L'attitude de Valia dénotait fortement avec la qualité d'élocution et la capacité de raisonnement de sa sœur Ksenia, même en prenant en compte ses deux années de plus.

Maria sortit à son tour de l'hôtel, suivie de près par son fils, et soulignait gentiment et en souriant le fait que j'avais fait la connaissance de Valia.

Suite à cette première rencontre, je compris que Valia éprouvait de grandes difficultés dans son développement d'enfant. Je me remémorais alors les moments passés avec la famille Nikolaev lors de notre première rencontre, et ne trouvais absolument aucun indice qui aurait pu démontrer de la présence – ou en l'occurrence de l'absence – de Valia au sein de la famille.

Que ressentaient ces parents à l'égard de leur cadette ? Comment assumaient-ils ses difficultés, sans doute de nature développementale ? Telles furent les questionnements qui habitaient mon esprit à cet instant.

Après avoir observé ma réaction suite à ma rencontre avec sa cadette, Maria me signalait que je serai certainement amené à skier avec Valia le jour d'après. J'acquiesçais à sa demande ainsi formulée, et nous poursuivions la journée de ski à notre rythme.

À l'heure matinale habituelle, je me retrouve devant l'entrée de l'hôtel, quand Valia et sa nourrice poussent la porte donnant sur l'extérieur. Cette dernière m'avertit alors que j'allais skier avec Valia, pendant environ une heure, puis viendraient me rejoindre Anatoli, Ksenia et leur mère, pour le reste de la journée, comme habituellement. J'acquiesce, une nouvelle fois, non sans éprouver une certaine surprise quant à l'absence de la mère pour le premier jour de ski de sa fille.

Valia, quant à elle, reste accrochée aux jambes de sa nourrice, m'espionnant furtivement du coin de l'œil. Pour ma part, je tente de lui communiquer que j'ai bien réceptionné ses regards, sans toutefois risquer que ce témoignage ne sombre dans quelque chose de trop intrusif, qui vouerait notre alliance à l'échec. Je me cantonne alors à la communication non verbale, et nous nous adonnons pendant le temps de marche qui nous emmenait jusqu'au pied des pistes à un échange de regards et de diverses mimiques du visage.

Nous nous saisissons au passage du matériel de ski de Valia et embarquons dans la télécabine menant à l'espace de ski débutant.

Au fur et à mesure que s'organise ce début de matinée, l'absence de la mère lors du premier cours de ski de sa fille ne cesse de provoquer chez moi tour à tour la surprise, la révolte, la compassion.

Je tâche alors de prendre en compte ces sentiments me permettant de me questionner sur comment sont vécues les difficultés de Valia au sein de l'ensemble de la famille.

Lors de la montée, la gouvernante et moi faisons un peu plus connaissance. Petit bout de femme d'une cinquantaine d'années, vêtue de couleurs claires dans un style typiquement russe, Oksana parle peu, sur une tonalité plutôt monocorde, laissant peu échapper les expressions de ses émotions.

Elle m'explique alors qu'elle s'occupe de Valia depuis ses six mois. Cela fait maintenant sept ans qu'elle œuvre à ses côtés, dormant dans la même chambre que Valia, sous le toit des Nikolaev, et s'occupant des diverses tâches lui incombant. Oksana me raconte alors que Valia ne s'est mise à marcher que vers ses deux ou trois ans, et qu'elle avait également souffert d'un retard de langage important. Aujourd'hui, Valia suit une scolarité dans un institut spécialisé à Moscou.

L'an dernier, lorsque sa famille était venue skier avec moi en France, Valia était alors restée au domicile familial en compagnie d'Oksana.

À partir de ces éléments, ajoutés aux émotions que j'ai éprouvées en réaction à l'organisation du cours de Valia, je décide assez naturellement d'adopter une posture interne qui transmettrait à Valia le message selon lequel je la comprends, quoi qu'il arrive, ou en tous cas, si je ne peux pas la comprendre dans l'immédiat, je l'accepte, telle qu'elle est, telle qu'elle se présente à moi.

Arrivés en haut de la télécabine, nous marchons quelques dizaines de mètres jusqu'à l'espace enneigé prévu pour les skieurs débutants. Ce faisant, je continue de soutenir la communication non verbale entre Valia et moi, comme je l'avais fait pendant la montée dans la télécabine, au rythme de Valia. Cela entretient l'alliance qui préexistait entre Valia et moi, de par les récits positifs qu'avaient dus conter Anatoli et Ksenia à propos de leurs moments de ski en ma compagnie.

Alors que nous approchons de la neige, Valia commence à montrer des signes d'anxiété, et son corps se raidit en une position défensive. Puis soudain, Valia fond en larmes et commence à crier à sa nourrice qu'elle ne veut pas y aller. Alors qu'Oksana n'a pas encore répondu, Valia ne lui laisse aucun temps, et entre dans un mouvement d'intense trépignement accompagné de cris. « Не хочу ! Не хочу! » s'écrie Valia d'une voix perçante.

Je suis instantanément saisi par l'intensité de la colère qui l'envahit alors, contrastant avec les sourires qu'elle lançait seulement quelques instants plus tôt.

Oksana se met alors à lui parler au creux de l'oreille ; pour ma part, je m'agenouille à quelques mètres, me positionnant à la même hauteur que Valia, dans une attitude ouverte, qui n'exige ou n'attend rien de particulier de sa part. Je pense alors aux souffrances avec lesquelles Valia se trouve en proie, et au soutien qu'elle trouve dans sa famille. Je reste empoigné par la solitude de Valia dans sa crise, cramponnée à sa seule nourrice, loin de sa mère, ses frères et sœurs, qui n'ont pas jugé bon de venir assister à son premier jour de ski.

Oksana, par bonheur, ne souhaite pas forcer Valia à aller plus loin dans la lutte contre ses démons internes, et nous nous asseyons sur un banc, en attendant le reste de la famille. Oksana informe par téléphone Maria de la situation, qui déclare arriver dans quelques dizaines de minutes. Cette nouvelle semble à la fois rassurer Valia, l'arrivée de sa maman lui procurant sans doute du réconfort ; et à la fois déclencher chez elle un état d'anxiété. Probablement, Valia pressent la nature de l'état émotionnel maternel suscité par son refus de chausser les skis.

Patiemment, nous attendons de longues minutes sur ce banc, observant le petit remue-ménage de skieurs mis en scène devant nos yeux.

Voyant que ni sa gouvernante ni moi ne la force à changer sa décision, Valia se relâche et accepte de s'adonner à un petit jeu impliquant nos quatre mains. Peu à peu, elle semble s'apaiser, se calmer, et profiter du moment présent.

Tout de même, elle jette de temps à autre un regard à la fois impatient et inquiet vers la direction depuis laquelle sa mère est supposée arriver d'une minute à l'autre. Oksana, quant à elle, patiente en silence.

Une quarantaine de minutes plus tard, nous voyons apparaître Maria, suivie de Ksenia et Anatoli. Le corps de Valia se raidit soudain, mais Maria déambule avec le sourire, et se contente de résumer la situation d'un air amusé. Elle rajoute que demain, elle sera présente avec nous afin d'essayer à nouveau de faire skier Valia.

Valia cherche alors un contact physique avec sa mère, qui lui accorde quelques instants. Puis Maria met un terme à ce moment, signifie qu'ils sont prêts à aller skier, et nous quittons Valia et Oksana pour débuter notre journée de ski.

Le matin suivant, je retrouve à notre lieu de rendez-vous habituel Valia, Ksenia, Anatoli, Maria et Oksana. La première heure serait consacrée à Valia, qui par la suite redescendrait au village avec sa nounou, tandis que nous continuerons la journée de ski comme à l'accoutumée.

Je me sens heureux pour Valia, qui, grâce à son refus de la veille, a réussi à rassembler toute sa famille avec elle et se positionner comme le centre principal d'intérêt ; elle qui est habituellement à l'écart.

Pour ma part, à aucun moment je ne décidais d'intervenir sur une éventuelle modification de l'organisation structurelle de la journée de ski avec les Nikolaev. En effet, il est pour moi important dans un premier temps d'être sensible à ce que communique mes clients au travers de la place qu'occupe chaque membre de la famille. Et ce afin d'être en mesure de les aider dans leur progression sur les skis au plus proche de ce qu'ils sont.

Nous voilà ainsi en route vers l'espace de glisse débutant, tous unis et munis de nos skis, à l'exception d'Oksana.

Pendant la montée en télécabine, Ksenia, comme à son habitude, monopolise l'attention par son débit de paroles et son énergie. Valia, quant à elle, semble tranquille, comme profitant de ce moment réunie avec ses proches.

En haut, nous nous dirigeons vers la piste de ski. Ksenia et Anatoli chaussent immédiatement leur matériel, tandis que Maria et Oksana s'assoient sur un banc improvisé, sur le bord du champ de neige.

Valia et moi restons côte à côte ; et, le plus naturellement possible, je place nos skis sur la neige afin qu'il soit plus aisé de les mettre au pied.

L'attitude de Valia me transmet à nouveau quelque chose d'ambivalent ; elle semble avoir envie d'imiter son frère et sa sœur, d'être en mesure de partager peut-être leurs aventures enneigées dont elle était jusqu'alors reléguée au rang d'auditrice. D'autre part, cette même idée paraît terriblement l'inquiéter.

Je m'agenouille à côté de ses skis et adopte une attitude ouverte comme pour l'inviter à ce que je l'aide à imiter Ksenia et Anatoli, déjà partis en contre-bas.

Je conserve en moi une posture interne qui, comme la veille, transmet quelque chose de la bienveillance, du non-jugement qu'elle que soit la décision ou le comportement qu'adopterait Valia.

Cette dernière est alors saisie d'un rire nerveux, avance vers moi, recule, puis avance à nouveau. Se mordillant convulsivement le bout des doigts, tout en regardant successivement ses skis, sa sœur, sa mère et sa nourrice,

Valia m'écoute lui proposer un discours rassurant et positif, centré sur sa personne et ce qu'elle sait déjà faire. Prise d'une agitation visible, Valia, tout en tendant son bras en direction de Maria et Oksana, s'écrie que d'accord ! elle ira, mais veut qu'on lui donne la main.

Oksana se lève la première et vient offrir sa main à Valia. Avec l'autre main, Valia se saisit de mon bras et avance jusque devant ses skis. En une poignée de secondes, Valia se retrouve chaussée de ses deux skis, pour la première fois de sa vie.

À cette sensation, brusquement, Valia se met à hurler d'un long cri strident. Je me redresse alors sur mes jambes, et Valia se saisit automatiquement de ce mouvement pour m'entourer complètement avec ses bras et me serrer extrêmement fort contre elle.

Je me retrouve debout, dos à la piste, Valia littéralement accrochée à moi.

Cependant, malgré l'anxiété manifeste de Valia, étrangement, j'interprète son comportement comme une invitation à commencer à skier. À aucun instant, je me dis que je dois me baisser pour retirer les skis à Valia ; la signification de ses gestes semble être d'une autre nature.

C'est comme si son comportement était celui d'une personne à bord d'un wagon d'une impressionnante montagne russe d'un parc d'attractions ; et qui serait en train de crier et de s'agripper à tout ce qu'elle trouve autour d'elle, mais sans toutefois vouloir forcément descendre du train.

Alors je décide de chausser à mon tour les skis. Je demande de l'aide à Oksana qui comprend instantanément, et rapproche mes skis de nous.

Je parviens à accrocher mes pieds sur les skis, et nous commençons à glisser doucement, toujours dans la même position, face à face avec Valia qui se serre très fortement contre moi, entourant mon tronc de ses bras, sous le regard amusé de sa mère et d'Oksana.

La joue littéralement collée à mon estomac, les mains dans mon dos qui s'agrippent entre elles de toutes leurs forces, Valia skie pour la première fois de sa vie de petite fille moscovite, au moyen de cet étrange dispositif.

Le volume de ses cris a nettement diminué après seulement quelques mètres parcourus. J'en profite alors pour tenter de la rassurer, au moyen d'un discours gratifiant, soulignant son courage et ses compétences telles que je les percevais vraiment, tout en intégrant les aspects anxiogènes de la situation.

Il me semble essentiel, lorsque nous souhaitons transmettre un compliment, de toujours partir de ce que nous croyons profondément et sincèrement vrai. L'authenticité sera directement perçue par l'interlocuteur, et l'effet obtenu n'en sera que plus bénéfique.

Valia clame répétitivement mon prénom de manière angoissée, comme pour me signaler que la peur qu'elle éprouve est immense.

Je suis un peu troublé par tant de démonstration d'angoisse, et me dis de continuer jusqu'au bout de la piste, qui n'est pas très longue, et que nous verrons ensuite les conséquences de ces instants.

Je continue alors de tenter de la rassurer, toujours évoluant en marche arrière, contrôlant notre vitesse pour ne pas aller trop vite. Constatant que Valia ne voit toujours rien, le visage enfoui contre mon blouson, je lui décris ce qui nous entoure pendant notre glissement. De son côté, Valia ne relâche aucunement son ancrage. Durant les quelques dizaines de secondes que durent cette première descente, je sens l'ensemble des muscles de Valia extrêmement contractés, comme pétrifiés.

Finalement arrivés en bas, nous nous arrêtons naturellement sur le partie plane offerte par le bout de piste. Je verbalise cet événement à Valia, et l'invite à me donner ses mains. Elle accepte de relâcher son étreinte, et je nous félicite pour ce que nous venons de réaliser.

Effectivement, à ce moment-là, étrangement, je ne félicite pas Valia seule, mais Valia et moi. Comme si pendant cette descente, nous n'avions formé qu'un seul corps. Comme si la mise en commun de nos deux personnes avait formé, dans une fusion un peu psychotique, une seule et même personne. À partir de ce moment, mon travail consistera en une individuation progressive de Valia, afin de lui permettre d'assumer pleinement le fait de pouvoir descendre cette piste, sous la bannière d'un "je" signifiant Valia.

Valia semble plus apaisée. Elle esquisse un sourire, se relâche un peu, avant subitement de se contracter à nouveau, serrant mes mains avec plus de force, et m'exprimant sa peur. Je tâche d'accepter ce sentiment et de le relier à la situation que nous venons de vivre, quand Ksenia surgit tout à coup sur ses skis.

Un large sourire aux lèvres, Ksenia félicite sa sœur et enchaîne avec le récit de quelques histoires qu'elle a l'habitude de conter. Je propose alors à Valia que nous profitions de la présence de Ksenia pour remonter avec elle en haut de la piste, au moyen du tapis roulant prévu à cet effet.

Après quelques secondes d'hésitation et sous l'impulsion dynamique de Ksenia, Valia accepte. Je lui montre que pour ce faire, je dois me positionner non plus devant elle en marche arrière, mais juste derrière elle, en lui tenant les mains. À ce changement, l'angoisse de Valia s'accroît instantanément. Avec sa sœur juste devant elle qui lui parle, et moi juste derrière lui tenant les mains, Valia parvient à surmonter cette nouvelle épreuve.

À certains moments, je me demande si tout cela vaut bien la peine, au vu des angoisses éprouvées par Valia. Pourtant, je me souviens que l'organisation de ce cours provient du désir de Valia de faire une activité comme son frère et sa sœur. De pouvoir elle aussi expérimenter ce qu'est le ski dont Anatoli et Ksenia lui avaient si souvent parlé, de pouvoir me connaître, et elle aussi devenir pleinement actrice de ces vacances en famille dans les montagnes Françaises. Le désir de Valia est véritablement palpable sous les couches d'angoisse qui l'accompagnent. La réalisation de son désir était d'une nature trop anxiogène pour pouvoir être assumée toute seule. C'est en s'accrochant à moi de manière à ne former qu'un seul corps que sa concrétisation fut rendue possible.

Arrivés en haut du tapis, Valia aperçoit sa mère et souhaite aller la voir. Maria, située quelques dizaines de mètres plus haut, ne bouge pas de son siège et fait signe, avec un mouvement rotatif de l'index, de continuer à skier.

Je me positionne de nouveau face à Valia, dos à la pente. Pour l'instant, lâcher physiquement Valia est impensable au vu de sa raideur dès que mon support physique se fait plus léger. Je tâche alors de pivoter lentement autour de Valia, laissant aller un bras pour vite reprendre l'autre, et ainsi de suite. J'invite alors Valia à venir avec moi pour suivre Ksenia. Valia reprend une attitude angoissée et se penche un peu plus en avant pour se serrer de nouveau contre moi. Cet avancement de son buste provoque un léger glissement de nos skis, et nous voilà repartis, cette fois-ci bras contre bras, chacune de nos quatre mains maintenant puissamment le coude d'en face.

Tout en maintenant une vitesse très faible, je ressentais une véritable joie de partager ce moment avec Valia. J'exprime alors immédiatement cette joie à Valia tout en l'invitant à regarder autour d'elle, ce qu'elle n'avait été en mesure d'expérimenter lors de la première descente.

Au fur et à mesure que les secondes s'écoulent, un sourire émerge progressivement sur le visage de Valia, et ses muscles se relâchent quelque peu. Je tâche de maintenir une certaine pression avec mes doigts sur les coudes de Valia, afin que perdure son sentiment de sécurité. Je n'arrête pas de lui parler, évoquant tout ce qui me passe par la tête, comme pour combler un certain vide duquel pourrait resurgir l'angoisse à tout instant. Valia continue véritablement d'apprécier ces sensations jusqu'au bout de la piste. Notre vitesse s'amenuise peu à peu sur le plat, et je félicite Valia, cette fois-ci en tant qu'individu à part entière. Ksenia, qui est restée à nos côtés, se joint à nous dans cet échange de congratulations. Valia reçoit ces marques d'affection avec un large sourire aux lèvres, qu'elle n'assume cependant pas complètement, inclinant son visage et son regard vers le sol. Parallèlement, je ressens les muscles de Valia se relâcher, et la pression qui résulte de l'union de nos mains avec nos coudes s'est considérablement atténuée. Pour la première fois, sans vraiment s'en rendre compte, Valia supporte la quasi-totalité de son poids elle-même, comme si elle pouvait à ce moment s'autoriser à assumer pleinement sa personne.

Nous décidons ensemble de remonter; et, au premier mouvement, comme si elle avait soudainement pris conscience de son relâchement, Valia resserre à nouveau fortement ses mains sur mes coudes, et m'appelle répétitivement par mon prénom en sanglotant. En miroir, je resserre à mon tour l'étreinte de mes doigts, continue de lui parler et nous nous mettons en route pour le tapis.

J'entreprends à quelques reprises d'enclencher un certain processus de jeu imaginatif, au creux de la relation entre Valia et moi. Mais cette dernière n'y semble pas vraiment sensible et ces quelques tentatives virent court. Ce qui se révèle réellement aider Valia ce jour-là se joue plutôt au niveau corporel. La variation de surface de corps en contact, la variation de la pression exercée sur le corps de l'autre semblent nous entraîner dans une danse communicative au sein de laquelle les émotions s'écoulent et transvasent allègrement.

Pour cette première journée, nous skions une troisième fois cette piste, sur le même mode que la précédente, avant-bras contre avant-bras, variant les pressions selon le niveau d'anxiété démontré par Valia.

Après la troisième remontée, Maria, la maman nous attend en haut. Elle accueille Valia avec le sourire et la félicite. Valia souhaite se diriger vers elle et pour ce faire, je l'aide à retirer ses skis. Elle se réfugie dans les bras de sa mère, et profite de ce moment. Valia exprime alors son souhait d'arrêter là pour aujourd'hui, et nous l'accompagnons vers Oksana pour préparer leur redescente en télécabine.

Le cinquième jour, seules Valia et Oksana m'attendent devant l'hôtel. Les autres nous rejoindront pour la fin de cours de Valia. Je me sens à nouveau un peu triste pour Valia qui se retrouve mise à l'écart.

Nous nous rendons sur le même espace que la veille. Valia démontre de la même attitude ambivalente que les autres jours ; un ardent désir d'aller skier, camouflé sous d'épaisses couches d'angoisse.

Les premières pistes se déroulent sur le même mode que lorsque nous nous sommes quittés la veille. Face à face, avant-bras sur avant-bras, nous skions lentement mais sûrement cette pente qui nous devenait à chaque fois un peu plus familière.

Après trois pistes de la sorte, je sentais Valia beaucoup plus relâchée. Elle alterne toujours des temps de quelque chose qui se rapproche du bien-être avec des temps plus angoissés. Mais ces derniers se font plus rares, plus ponctuels, et surtout moins intenses que ce que nous avions connu au commencement. Pour ainsi dire, le passage le plus critique se situe lorsque nous atteignons le sommet du tapis roulant. Cet endroit représente le carrefour de deux alternatives possibles : retourner vers Oksana voir si Maria était arrivée, ou bien descendre en ski une nouvelle fois.

Cette étape délicate induisait à chaque fois le doute dans l'esprit de Valia. Sa maman avait dit qu'elle arriverait lorsque nous aurons skié environ une heure. Il était difficile pour Valia de juger de l'écoulement de ce temps, et chaque passage éveillait chez elle une curiosité teintée de l'angoisse de l'incertitude, quant à l'arrivée de sa mère.

Alors qu'Oksana nous fait signe de continuer, nous poursuivons notre cheminement expérimental et initiatique sur les skis. À chaque descente, la pression de nos mains sur l'autre se fait moindre, et mon soutien physique s'allège peu à peu.

Au fur et à mesure qu'elle se détend, Valia prend de plus en plus d'assurance lors des glissements. Les quelques moments de crise pendant lesquelles Valia m'appelle en criant, serrant plus fort mes bras sont très vite contenus et Valia ne cède à la panique que lors de très brefs instants. Ainsi, peu à peu, quasiment imperceptiblement, je descends mes mains le long de ses bras de quelques centimètres, à chaque fois que je sens que cela est possible. Je suis alors amené à saisir Valia non plus par les coudes, mais quelque part en deçà, sur l'avant-bras. À ce moment, mon but serait de ne plus se tenir que par les mains, donnant à Valia plus d'autonomie et de liberté dans ses mouvements. Limiter l'étendue de surface où nos deux corps se confondent, signe d'une fusion annihilant l'individu et ses différences ; pour accéder, comme nous l'avons noté, à l'émergence d'une frontière corporelle propre à chaque personne. Autrement dit, progressivement passer de la confusion des corps à l'acceptation des limites de chaque personne et bénéficier d'une certaine interaction ainsi rendue possible.

Vers la fin du temps de ski avec Valia, nous ne nous tenons plus que par les poignets et descendons cette piste dans une certaine harmonie.

Devant l'insistance grandissante de Valia pour aller vérifier si ma maman était arrivée, nous enlevons les skis au sommet du tapis et nous dirigeons vers Oksana. Comme la première fois, nous attendons Maria dont l'arrivée ne se fera pas espérer trop longtemps.

Je me sens à nouveau empli d'une certaine tristesse lorsque Maria relèvera le fait que nous ne sommes pas en train de skier, malgré mon récit des progrès dont a fait preuve Valia.

Je dis au revoir à Valia, qui vient se coller à moi pour me prendre dans ses bras, avant de s'en retourner avec sa nourrice sur le chemin de l'hôtel.

Le dernier jour de ski venu, Maria décidait de venir assister à la seconde partie du temps de ski de Valia.

À mon arrivée, Valia s'approche de moi en courant et vient me serrer très fort dans ses bras, accompagnant son geste d'une marque verbale d'affection.

Le déroulement de la matinée suit le même cours que les jours précédents. Nous enchaînons les pistes, Valia se sentant plus rassurée dans cet environnement qu'elle connaît désormais. Nous arrivons à parler d'autre chose, Valia me racontant par moment des histoires de sa vie à Moscou. Peu à peu, nous n'avons plus que nos quatre mains en contact. Face à face, les mains dans mes mains, Valia pouvait ressentir d'elle-même les variations de son équilibre occasionnées par les glissements en ski.

Je nous laissais simplement profiter de ce moment, Valia ne faisant plus de démonstrations d'angoisse manifestes. Je tâchais seulement d'entretenir les processus alors en route, afin que Valia puisse tirer profit de ces instants sur les skis, pendant lesquels elle expérimentait les sensations de glissement, que lui avaient préalablement contées Ksenia et Anatoli. Cela en compagnie d'une personne ne s'occupant que d'elle à ce moment, assurant sa sécurité, et qui détient un lien émotionnel positif avec l'ensemble de la fratrie, voire de la famille.

C'est alors qu'à la fin d'une descente, nous arrivons à une dizaine de mètres du plat marquant l'arrivée. Je sentais tout au long de cette descente Valia extrêmement bien positionnée, assurant la gestion de son équilibre avec brio. La tension exprimée dans nos doigts était alors minimaliste. À cet instant, et de manière naturelle, je décide de laisser glisser mes doigts sur ceux de Valia, les laissant ainsi s'échapper. Je continue de skier, conservant la même distance par rapport à Valia, désormais sans aucune aide physique extérieure.

Valia me regarde alors avec stupéfaction. J'écarte les bras et joue sur mon visage un profond étonnement, un peu en miroir du sien. Nous nous regardons ainsi une fraction de secondes, et je transforme mon expression de surprise en un sourire joyeux. Valia ne réagit pas et continue de parcourir cette dizaine de mètres livrée à elle-même.

Arrivée sur le plat, et sentant que la vitesse allait s'arrêter, Valia commence à grimacer et je reprends alors ses mains, la félicitant chaleureusement au passage.

Valia me chuchote que non, elle ne veut pas faire comme ça, elle veut continuer comme avant avec les mains. Pour autant, son niveau d'anxiété n'a pas connu une subite et intense augmentation comme c'était le cas les premiers temps. Elle m'a simplement exprimé son mécontentement car j'avais possiblement brisé un des aspects du pacte que nous avions tacitement et progressivement constitué entre nous.

Je lui réponds que d'accord, je n'aurais probablement pas dû lâcher ses mains sans la prévenir. La prochaine fois, je lui demanderais avant. Valia proteste mollement et nous repartons vers le tapis roulant.

Entre temps, Maria était arrivée sur le haut de la piste. À sa vue, Valia voulut tout de suite aller la rejoindre. Sous l'injonction maternelle, nous skions encore deux ou trois fois la piste. Je réitère à chaque fois ce lâcher de mains sur les quelques mètres de plat du bas de piste. Valia semblait apprécier ces moments, même si à la fin, elle s'empressait d'agripper de nouveau les mains au moment de s'arrêter.

Lors de cette matinée, je ressentais une immense joie que je tentais de communiquer à Valia, prenant conscience du chemin parcouru ensemble. Depuis le premier jour où elle n'était pas sortie de l'hôtel – trop angoissée à l'idée de me voir m'avait raconté Maria a posteriori –, en passant par l'angoisse de la première fois sur les skis, nos deux corps collés en une forme informe sans limite ni représentation physique véritables ; jusqu'à la dernière matinée pendant laquelle nous pûmes véritablement skier en nous lâchant même les mains quelques instants.

« Hors-piste » :

En cette dernière partie, je présenterai ici quelques aspects de ma pratique personnelle du ski, dans la mesure où ils offrent une certaine analogie avec l'ensemble des processus décrits précédemment.

Je pratique le ski alpin depuis mon plus jeune âge, et n'ai jamais cessé d'explorer les divers aspects de cette activité dés que la neige m'en offrait la possibilité.

Au fur et à mesure de ma croissance, je goûtais les multiples facettes relatives à cette discipline sportive : le ski alpin sur la piste, entre les piquets, dans les bosses, etc.

Aujourd'hui, lorsque je replonge dans mes souvenirs d'enfance sur les skis, la grande majorité des images qui remontent à la surface de ma conscience concerne les moments pendant lesquels je skiais hors des pistes balisées ; que ce soit avec le club de ski ou avec mes amis, dans la forêt de ma station natale, ou autour de ses pistes. Non pas que ce fut là la majeure partie de mon temps passé sur les skis, mais j'y vois plutôt un point de la pratique qui impactait considérablement mon esprit.

Résidant dans un petit village de montagne, je passais une bonne partie de mes mercredis après-midi et samedis à m'entraîner avec la section compétition du club de ski de la station. Pour autant, je n'ai jamais ni vraiment eu l'opportunité ni ressenti le désir de prendre activement part aux compétitions dominicales.

Ainsi, je passais une bonne partie de mes dimanches à arpenter tranquillement les pistes de ma station, sans aucune once d'une quelconque recherche de performance.

Plongé dans mes pensées, l'esprit flottant, je laissais aller mes skis au gré des déclivités, sans que rien ne soit spécifiquement attendu de moi. Ces moments m'offraient comme un espace de rêverie, de liberté, associé à une large prise d'informations sensorielles et kinesthésiques, en lien avec la nature m'entourant. Je pouvais alors m'exprimer librement, détaché de toutes demandes ou attentes à mon égard, qui auraient sollicité chez moi la mise en route de mécanismes d'adaptation.

En effet, au cours de ces années, et notamment lors des moments d'interaction avec autrui, je parvenais tant bien que mal à maintenir un équilibre dans ma vie sociale et familiale en fournissant d'importants efforts pour adapter mes comportements et ma manière d'être selon ce que je percevais des exigences de l'autre.

Pourtant, cela galvaudait l'expression de ma créativité ; mais, sentant qu'elle n'était ni entendue ni comprise, c'était inconsciemment la solution la moins pire que j'avais mise au point.

L'école en représente la parfaire illustration. C'est comme si je m'efforçais de comprendre les divers systèmes de pensées de mes professeurs ; afin de reproduire leurs divers cheminements pour passer par exemple d'un point A à un point B, quelque soit la matière.

Il s'agissait alors pour moi de tenter d'intégrer la manière de faire de l'adulte. J'avais remarqué que bien souvent, j'avais tendance à emprunter d'autres circuits de pensées ou de réflexion que ceux désignés comme traditionnels.

Lorsque je parvenais tout de même à atteindre le résultat B, même si mon cheminement différait, cela passait la plupart du temps inaperçu. En revanche, lorsque je n'accédais pas tout de suite au résultat escompté, alors ma manière de procéder si particulière était automatiquement pointée du doigt comme cause de mon échec. Pourtant, je savais au fond de moi qu'elle représentait aussi le socle de mes succès.

À la fois solution et problème, cette propension à penser et agir « hors-piste » ne fut pourtant pas conscientisée jusqu'à la fin de l'enfance, n'étant jamais vraiment entendue ni repérée par mon entourage.

Ainsi, sous l'impulsion des feedbacks reçus au cours des diverses expériences de l'enfance, une sorte de pensée rationnelle en moi tentait en permanence de classer, classifier, étiqueter, catégoriser mes comportements, états d'âmes et stratégies cognitives. Comme pour entreprendre de mieux les cerner, de les rattacher à une certaine structure, stable et cohérente, tel un algorithme.

Pourtant, ces schémas élaborés tels des patterns se trouvaient sans cesse, à un moment donné, confrontés à une certaine incohérence, à une certaine inconsistance, face à un résultat invalidant partiellement ou totalement quelques points fondamentaux de la structure préalablement concoctée.

L'impasse dans laquelle cette quête infinie car continuellement infructueuse s'engouffrait ne put être dépassée que bien plus tard en prenant connaissance de la notion de processus, et en l'occurrence de processus créatif. Ce dernier va permettre, au moyen d'une prise en compte de mes perceptions subjectives sensorielles quant à la situation dans laquelle je suis impliqué, de créer sur le moment une solution qui tend à se définir comme « sur mesure » en fonction de l'ensemble des éléments en jeu.

Comme nous l'avons noté, cette pensée « hors-piste » se constituait à la fois comme solution et problème, selon les résultats obtenus, et selon la nature de l'évaluation qui leur est accordée par le tiers observant.

Le processus créatif réussit à s'exprimer selon comment il est relié à la situation.

Ce mode de pensée ne reposait pas sur une structure stable, prédictive et prévisible. Il s'apparentait plus à une onde, pouvant épouser au plus proche les formes de la situation dans laquelle il se trouvait plonger.

Ainsi, afin de se trouver en mesure de résoudre un problème donné, je devais d'emblée tenter d'embrasser la globalité de la situation d'apprentissage qui se présentait à moi, comme pour lui donner une forme, un sens.

Lorsque je ne parvenais pas à me représenter l'étendue de la complexité du savoir qui s'ouvrait devant mes yeux, alors mes circuits cognitifs s'enraillaient véritablement, et je me retrouvais face au vide, au blanc, ne sachant absolument pas vers quelle direction orienter ma stratégie pour me rapprocher d'une solution possible.

C'est comme s'il était nécessaire pour moi que je représente au creux de ma conscience les savoirs à intégrer sous la forme d'une « histoire », d'une « image ».

Effectivement, une des caractéristiques de l'image est son pouvoir à condenser un certain nombre d'informations qui vont être d'emblée directement et simultanément perceptibles par notre conscience.

Cette image en tête, j'ai aussi remarqué qu'elle opérait un certain ancrage émotionnel facilitant et accélérant ma motivation à utiliser ces canaux cognitifs.

L'image permet de communiquer quelque chose de l'ordre du « tout », de ce qui est « plus » que la somme des parties. Alors ancrée, il était ensuite naturel de suivre ses courbes afin de constituer le processus qui m'emmènerait au résultat escompté.

L'exemple qui revient à ma mémoire de la plus lumineuse des manières est l'étude des fonctions en mathématiques.

J'avais pu au travers de multiples exercices me constituer cette image à laquelle j'avais plaisir à me rattacher lors de chaque étude de telle ou telle fonction. Je me délectais lors des contrôles écrits, car ils me permettaient de vivre, pendant deux heures durant, un état de flow intensément agréable, au cours duquel je ressentais mon stylo comme virevolter d'un côté à l'autre de la feuille de papier, esquissant de plus en plus précisément cette fonction mathématique qui peu à peu sortait de la brume et se dévoilait telle un tableau aux yeux et au pinceau de son peintre.

Les résultats obtenus confortaient pour la majeure partie la productivité de cet état de conscience particulier ainsi ressenti.

Sur un autre registre, une partie du programme scolaire de cette année-là était composée de l'apprentissage des statistiques. Ces éléments d'enseignement étaient assurés par la même professeur que pour l'étude des fonctions et était regroupés sous la bannière d'une option permettant d'élever l'importance du coefficient attribué aux mathématiques dans la moyenne générale. J'étais alors enthousiaste à l'idée de passer un peu plus de temps avec les mathématiques lorsque les autres matières me rebutaient pour la plupart.

Cependant, et malgré mes échanges avec l'enseignante, je ne parvenais pas à saisir le sens des thèmes abordés en statistiques. Je ne percevais aucun lien entre les différentes leçons, les formules évoquées et les exercices les illustrant. Je me retrouvais comme dans le brouillard, comme impuissant devant les morceaux d'un puzzle que je ne pouvais reconstituer, ne serait-ce qu'en partie.

Mes résultats contrastaient considérablement avec ceux obtenus lors des études de fonction, ce qui engendrait l'incompréhension de mon enseignante, qui attribuait alors cette disparité à mon manque de travail, à ma fainéantise.

Cette étape marquait notamment la fin du lien émotionnel que j'avais tenté d'entretenir avec cette enseignante.

Une fois encore, je ne me sentais pas compris, pas entendu dans la nature des processus qui animaient mes réflexions.

Pourtant, même si je passais plus de temps à travailler l'étude des statistiques que celle des fonctions – pour laquelle je ne révisais que très peu – cela n'avait aucune incidence positive sur mes résultats.

Je ne relevais aucune corrélation qui serait significative entre le volume de travail fourni et les résultats. C'est comme si les enseignements scolaires se trouvaient sur une route ; tandis que mon chemin personnel s'étirait à la même hauteur que la « route scolaire », mais hors du cadre restreint ainsi représenté. Un peu à l'image d'une route parallèle, qui pourtant mènerait au même endroit.

Parfois, lorsque je parvenais à faire coïncider nos deux routes, ne serait-ce que sur quelques encablures, alors la « route scolaire » interprétait ma production comme brillante.

En revanche, lorsque mon chemin s'éloignait quelque peu, alors instantanément le résultat en était pointé du doigt, et placé sous l'étiquette de mon indolence.

Pour le système, la « route scolaire » représentait alors la norme, et tous les comportements ou les productions des protagonistes censés apprendre vont être interprétés selon une échelle de valeur, positionnée verticalement.

La population enseignée est alors dispersée tout le long de cette échelle.

Ainsi, selon que mes processus cognitifs se trouvaient plus ou moins en phase avec ceux attendus par la « route scolaire », alors j'étais classé soit vers le haut de l'échelle, soit vers le bas.

Pourtant, on pourrait tenter de représenter les choses non plus sur un plan vertical, mais plutôt horizontal. En effet, lorsque mon chemin se confondait avec la « route scolaire », alors je parvenais à suivre la trajectoire « normale », « officielle », et l'interprétation que l'institution en ferait tendrait vers quelque chose de positif, vers le haut de son échelle verticale de classification. Cependant, si l'on se positionne sur un plan horizontal, alors le manque de bons résultats dans certains cours qui contrastaient vivement avec ceux obtenus dans les autres – en dépit de la similitude entre les processus cognitifs utilisés – pourrait être considérés différemment. Comme si la « route scolaire » restait identique, mais le chemin que j'empruntais se trouvait en marge de celle-ci, à l'image d'une route parallèle, une route voire une autoroute de campagne, qui mènerait ou pourrait mener au même résultat, mais simplement qui passerait par des paysages différents, parcourant à haute vitesse des routes de montagne, franchissant des cols inhabituels, tournoyant dans des virages exigus ; bref, hors des pistes balisées ; « hors-piste ».

Plus cette route s'éloignait de son homonyme officielle, plus sa différence était pointée du doigt, et automatiquement désignée comme déficitaire. Même lorsque ce chemin menait sensiblement vers un résultat identique à celui attendu par la partie enseignante, il se trouvait comme coupé dans son élan lorsqu'était organisé une évaluation intermédiaire, « en cours de route ». Ne pouvant alors prouver qu'il est pourtant sur une « bonne route », ce chemin alternatif était jugé précipitamment, car une fois décortiqué analytiquement, il devenait rapidement incompréhensible.

L'enseignante chez qui la route était clairement tracée, balisée au sein de son esprit ne pouvait entendre comment son élève, au beau milieu de sa réflexion, se retrouvait si loin de la « voie normale ». C'était comme si, dans ces moments là, il ne représentait pour elle qu'une sorte de brebis égarée, errante, si éloignée du troupeau habituel qu'on ne pouvait que la blâmer, en dépit de la comprendre.

Pourtant, aujourd'hui, il m'apparaît clairement que le hors-piste, c'est-à-dire la création dans l'instant d'un chemin original de progression, favorise l'appropriation individuelle des savoirs ; à la lumière des expériences d'enseignement décrites auparavant.

Ainsi, peu à peu, au cours de ma scolarité, j'orientais insensiblement mes efforts vers un travail d'adaptation, au détriment d'un travail d'apprentissage. Ce que j'apprenais, c'était peu à peu à m'efforcer de présenter les résultats attendus par l'autorité, tout en dévoilant le moins possible la nature de mes raisonnements psychiques. Cet exercice devenait pour moi pénible et fastidieux, ancrant en moi une représentation de l'école placée désormais sous le joug de l'ennui, du terne, du morne. Un voile gris s'abattait et enveloppait progressivement une partie de mon enfance. Apprendre à « faire semblant » n'était pas une activité des plus ludiques ni enthousiastes.

Cependant, une ouverture persistait ; incarnée par un espace insufflant à mon existence un rayon de lumière, une bouffée d'oxygène, à savoir les moments passés sur les skis.

Les temps de glissements durant lesquels j'arpentais le domaine skiable qui se trouvait face à ma fenêtre me permettaient de me dégager, au moins pour quelques instants, du voile gris, dont l'opacité devenait de plus en plus prégnante au fur et à mesure des années.

La sensation de glissement sur la neige se comportait pour moi en véritable inducteur d'un état mental apaisé, comme en lévitation. Le flot de mes pensées défilaient à l'allure de mes skis, sillonnant le relief, se déplaçant par monts et par vaux.

M'envahissait alors une sensation agréable de douceur, de légèreté, de subtilité accompagnée dans le même temps d'une vitesse participant à l'expression de puissantes forces physiques et gravitationnelles, selon les variations de la pente qui m'accueillait.

Ce bien-être mental se rapproche sensiblement de l'état activé de conscience décrit au cours des pages précédentes. Il me permettait de profiter d'une expérience de liberté de mes pensées, alors provisoirement libérées des processus d'adaptation forcée, laissant libre cours aux processus cognitifs qui composaient mon essence ; et de les retranscrire, utilisant le canal de la créativité gestuelle du skieur, sur mes skis, en contact et interactions directs avec la Nature.

Je prolongeais souvent ce genre d'expériences par exemple en rêvassant pendant le temps scolaire ou tout autre moment. Mais une différence fondamentale est que, sur les skis, cette rêvasserie prenait littéralement forme ; à l'image d'une production motrice, fruit du travail de la grande majorité des muscles de mon corps, en lien avec l'espace et la nature environnante.

À l'école, pendant la grande majorité du temps, ma créativité interne ne pouvait s'exprimer en trouvant quelconque incarnation dans le monde extérieur, accompagnant ainsi ce voile dans sa descente vers toujours plus d'opacité. Les rêveries m'aidaient à supporter le système institutionnel, mais elles ne restaient qu'abstraites et ne pouvaient se figurer dans le monde réel, celui des perceptions sensorielles.

Sur les skis, les rêveries trouvaient là un moyen de se symboliser, dans le sens où les gestes moteurs que j'effectuais lors de mes descentes retranscrivait ce flot de pensées qui m'absorbait tant. Et, grâce à l'interaction avec la montagne et ses plis, je bénéficiais d'un retour sensoriel – kinesthésique principalement – direct sur ma production, qui plus est en lien direct avec la Nature et toutes ses particularités, notamment en termes de variabilité.

Ce lien avec la Nature joue un rôle primordial et fondamental, transportant la production créatrice vers une autre dimension.

Ces moments salvateurs pour mon développement me permettaient de contrebalancer le reste de la semaine, plus taciturne. Ils m'assuraient un endroit, un moment, un espace dans lequel je pouvais exprimer à ma guise, sans retenue ni lois autres que gravitationnelles, certains pans de ce qui constituaient l'essence de mon moi, peut-être désignés par Jung comme le soi.

Malgré le fait que je skiais constamment sur le même domaine, les variations des facteurs météorologiques amenaient la montagne à se dévoiler sous mes pieds d'une manière un peu différente chaque jour. La hauteur de neige, la consistance de son manteau, l'intensité de la lumière sont autant de moyens d'expression dont la montagne disposait. J'avais alors l'impression, en laissant filer mes pensées vers d'autres dimensions tout en conservant les skis sur la neige, de rentrer dans une forme de communication avec la Montagne, la Nature avec qui j'interagissais en prenant en compte ses divers signaux.

Tout d'abord, comme chaque skieur, je ne fournirais pas la même force physique ni utiliserais les mêmes angles lors de mes appuis selon que la neige soit glacée ou poudreuse. Mais ces interactions prenaient un tout autre niveau, qui emmenait mes pensées, issues d'un champ aussi large que possible, à rentrer en communication avec certains éléments extérieurs, naturels, par le biais de mouvements moteurs et de feedbacks sensoriels.

La triade esprit-corps-Nature s'installait alors, et constituait le creuset de l'expression de ma créativité naissante d'enfant en développement.

Le fait que rien ou quasiment rien de spécial ne soit attendu de moi permettait à mon esprit de rentrer dans cet état particulier de flottement décrit dans les états activés de conscience.

Cela me permettait de laisser flotter, de laisser aller mes pensées se structurer comme bon leur semblait, de manière complètement intuitive et processuelle.

La connexion de ces pensées librement associées, avec les sensations du corps apportées par le mouvement de glissement permettait de me représenter personnellement non pas en tant que deux entités dissociées corps et esprit ; mais en un tout hypercomplexe, unifié et unifiant.

Qui plus est l'interaction constante avec le milieu naturel renvoyait à ce tout l'image d'une globalité contextualisée, à la recherche de sa place dans son milieu environnemental, suivant le flow généré par l'immensité vertigineuse des molécules constituant la Nature.

L'entité de mon être ainsi connectée pouvait s'exprimer pleinement, sur les plans psychique et moteur, écoutant et s'adaptant aux « messages » ondés par les formes du manteau montagnard.

Provoquant chez moi successivement des sensations de légèreté, de force, de plénitude, de virtuosité, d'accélérations fulgurantes et de secousses déséquilibrantes, que j'accueillais au cœur de mon état mental alors activé, procédant à la synthèse de tout un tas de données qui consciemment et rationnellement m'échappaient ; renforçant le sentiment d'avoir trouvé une place, ma place, et de suivre le chemin tendant vers l'accomplissement de soi ; tout du moins temporairement.

Ainsi revitalisé, je pouvais à nouveau tenter de faire face à la semaine qui m'attendait, et fournir l'énergie nécessaire aux mécanismes d'adaptation que je devrais mettre en route.

Lors du temps passé à skier, si effectivement entraient en jeu chez moi des mécanismes d'adaptation aux diverses aspérités et variations de la montagne, ceux-ci étaient d'une toute autre nature que lors des activités scolaires.

Dans la mesure où l'ensemble de la situation de glissement permettait une expression totale de mon être, sans jugement aucun, en laissant le loisir à l'esprit de prendre en compte ses feedbacks sensoriels dans l'élaboration de ses futures actions ; et de ressentir lui-même la direction vers laquelle élaborer et créer son propre chemin de progression.

Je me souviens également très clairement de l'omniprésence de l'émotion au cœur de ces instants. C'était comme si l'articulation pensées-sensations-neige entraînait chez moi la formation d'une empreinte émotionnelle qui se disposerait légèrement différemment selon chaque paramètre du système dans lequel j'évoluais.

Encore une fois, même si j'évoluais sur le même domaine neigeux, chaque jour me paraissait différent du précédent, ne serait-ce que de manière infime. La neige qui changeait de consistance, le printemps qui approchait à grands pas, ou encore les nuages qui se livraient une course à toute allure dans le ciel. À chaque fois donc, les sensations générées par mes glissements étaient en quelque sorte uniques, car à chaque fois légèrement différentes.

Je ressentais ma sensibilité exacerbée par ces instants ; intégrant les flots émotionnels créés par les divers éléments qui parvenaient à ma perception, et en communion directe avec mon système nerveux moteur.

Littéralement immergé dans ce système que je me créais, et par la même occasion m'offrais, ma perception du temps s'en trouvait troublée. C'est comme si j'étais entré au cœur d'une nouvelle dimension cosmique, dont je n'aurais jamais voulu d'elle qu'elle ne cesse. La fin de la descente marquait également une pause – temporaire – de ce processus. Il me fallait alors remonter les pistes que je venais de dévaler, en utilisant les remontées mécaniques, toujours trop lentes pour mon goût d'enfant. Il m'était pénible de patienter que les mécanismes des télésièges ne me remontent jusqu'au départ de mon aire de jeu ; car je ne voulais pas couper les processus en cours, et sortir trop longtemps de cet état mental, en harmonie avec mon environnement, et porteur d'un immense sentiment de plénitude et de bien-être. Je me souviens alors de rêver de l'existence d'un moyen de téléportation qui permettrait de se retrouver immédiatement en haut de la montagne, une fois arrivée à son pied, et ainsi skier à nouveau immédiatement.

Une différence de taille est à noter entre les processus sollicités sur les skis et dans le système scolaire, concernant le rythme. En effet, je me suis peu à peu aperçu qu'à l'école, il nous était souvent demandé de réfléchir en amont à la solution à un problème partiel qui ne serait réellement et entièrement posé que plus tard. Ma difficulté résidait alors dans le fait de pouvoir me représenter l'ensemble des paramètres qui seraient éventuellement présents lors de la situation problématique, et d'effectuer leur synthèse, afin de trouver une solution pleinement adaptée aux circonstances.

En revanche, sur les skis, les décisions motrices ne s'effectuaient qu'en temps réel, de manière quasi non consciente, à l'écoute et au traitement instantané des signaux sensoriels réceptionnés. Étant totalement immergé dans l'ensemble de la situation, je pouvais me laisser aller à porter une confiance absolue en l'instant. C'est en étant pleinement immergé dans le réel du moment présent, que je pouvais créer une solution complètement adaptée aux exigences de la situation, à chaque instant.

Je profitais du plaisir de ressentir mon corps complètement articulé avec son environnement, chorégraphiant une véritable danse intuitive avec les éléments l'entourant.

C'était à cette condition que je percevais la situation comme pleinement vivante, et donc apte à ce que l'on s'attache à s'offrir une solution adaptée au processus à l'œuvre, intuitivement ressenti.

Lorsque le système rationnel habituel cherche à établir un savoir permettant d'anticiper, de contrôler, de pré-construire des solutions à l'avance ; je passais une bonne partie de mon enfance à développer le côté plus intuitif des processus cognitifs. Percevant la première manière de faire comme dévitalisant le réel, c'est en exacerbant mes ressentis à ce qui m'entourait à chaque instant que je forgeais mon intuition et la rattachais à mes processus décisionnels et créatifs.

Parallèlement à plusieurs étapes de mon chemin de vie, et en prêtant attention aux diverses aspérités qui se proposaient à moi, je fus amené à revisiter et développer ma pratique du ski hors-piste à l'aube de ma troisième décennie. Cet intérêt ainsi stimulé accompagné d'un certain investissement m'emmena à évoluer pendant cinq années sur les compétitions internationales de ski hors-piste, occupant provisoirement la vingtième place du classement mondial en 2011.

Après coup, j'assimile aujourd'hui cette expérience à une sorte de quête personnelle menée sur plusieurs points.

Un de ces points concerne notamment la recherche incessante d'un état mental favorable à la performance lors de mes descentes à skis.

Comme nous l'avons noté, l'une des particularités du ski et plus particulièrement du ski hors-piste est que les conditions environnementales dans lequel le skieur évolue sont en constant changement.

Absolument rien n'est préalablement préparé ou modifié par la main de l'homme. Le contact avec la nature est ainsi complètement préservé, et reflète le cœur de cette pratique.

Le skieur hors-piste doit alors entrer dans un processus permanent d'adaptation aux irrégularités que la montagne expose devant lui. Il ne peut planifier à l'avance et dans le détail l'ensemble des actions qu'il va réaliser. Le niveau d'incertitude concernant les paramètres environnementaux est ici extrêmement élevé.

En effet, lors des compétitions par exemple, les skieurs sont amenés à étudier aux jumelles la montagne qui leur est proposée, depuis son pied. Chaque sportif sélectionne alors la ligne de son choix représentant la trajectoire qu'il souhaite reproduire lors de sa descente. Il tâche de mémoriser les divers points de repères qui, une fois en haut, lui permettront de s'orienter correctement et ainsi soigner la fluidité de sa réalisation. Il a alors pu se préparer aux points de repères grossiers, perceptibles de loin au moyen des jumelles, avec tout ce que cela comporte, notamment en termes de représentation des longueurs et volumes. Les autres détails seront perçus, interprétés et assimilés au geste moteur dans le feu de l'action, quasiment en temps réel, étant donné que la vitesse de déplacement est la plus élevée possible.

Le temps d'analyse aux jumelles représente donc une phase permettant de réduire autant que faire ce peut l'incertitude inhérente à l'exécution de cette descente à skis. Le reste repose sur la confiance que le skieur porte à son aptitude à gérer les imprévus qui pourraient surgir, et à s'adapter en temps réel aux divers plis de la montagne.

De par mon expérience et mes recherches, l'état mental dans lequel se trouve le skieur représente un élément fondamental de sa performance.

Il est aisé de se rendre compte qu'un traitement conscient rationnel des éléments de la montagne qui se présentent à nous pendant la descente condamnerait la fluidité de cette dernière.

En effet, au vu de la vitesse de déplacement sur les skis et du nombre d'éléments non anticipés et non anticipables qui se surviennent dans une descente hors-piste, le skieur n'a simplement pas le temps de laisser intervenir ses raisonnements logiques pour l'aider. Son intuition aiguisée par l'expérience au fil des années de pratique représente sa meilleure alliée.

Combien de fois me souviens-je de prendre conscience dans l'après-coup d'un élément imprévu survenu pendant la descente, tel une pierre, une branche, une bosse ; et d'avoir intégré cet élément à ma gestuelle motrice, instantanément, comme "sans réfléchir". Et de réaliser a posteriori que mon geste était effectivement la meilleure décision compte tenu de l'ensemble des paramètres présents à ce moment-là.

C'est précisément la somme des paramètres à intégrer dans un laps de temps infime qui submergerait les circuits habituels de mes raisonnements conscients élaborés. La confiance portée au processus que l'on pourrait nommer intuition permet de sortir de cette impasse. En effet, grâce à ma pratique et à mon expérience, je sais au plus profond de moi que quelque soit l'imprévu qui se présenterait, sont inscrits en moi les éléments d'une réponse parfaitement adaptée à ses exigences.

C'est là la première analogie avec les processus d'apprentissages décrits précédemment. Le geste moteur est un concept trop complexe pour être enseigné de manière analytique. L'approche globale, holistique, décrite avec mes clients permet de fournir à ce processus d'intuition les schémas nécessaires à son fonctionnement en lien avec les éléments environnants.

Pour moi la connaissance revêt tout son intérêt lorsqu'elle est reliée et intégrée à un système complexe et animé. Elle doit être asservie à enrichir le vivant. Le cas contraire, elle ne servirait qu'à flatter l'ego.

Cela est généralisable à la descente en elle-même sans parler d'imprévus car au fond tout n'est qu'imprévu. L'état mental recherché et favorable à la performance se rapproche des états mentaux activés que nous avons évoqués, au cours desquels c'est le geste juste qui s'impose à nous, sans que nous ayons eu le temps d'y réfléchir raisonnablement.

Les meilleures sensations que j'eus sur les skis, et qui me valurent mes meilleurs résultats, furent lorsque je sentais que l'ensemble des atomes constituant mon corps se positionnaient à chaque instant en parfaite adéquation avec les singularités de la situation.

Malgré la vitesse et le danger, une sensation de plénitude m'envahissait totalement. Un calme serein esquissait un léger sourire tout au fond de moi.

Je ne suis plus vraiment au "volant" de mes skis car ils ne nécessitent plus de pilote exerçant un contrôle direct et forcé sur eux. La notion de contrôle disparaît complètement. Celle d'équilibre et d'harmonie fait pleinement surface. C'est la montagne et ses aspérités qui dictent ma trajectoire, en fonction des caractéristiques et possibilités de mes skis et de mon corps. Mon moi s'efface quelque peu dans une glorification de la montagne et de ses courbes. Chaque aspérité de la montagne est célébrée dans une joie spinozienne.

Tout devient facile, je ne sens pas l'effort exercé par mes muscles car leurs contractions se fondent complètement dans la situation où je suis immergé. Envahi d'une sensation de plénitude, je deviens le serviteur du relief que je dévale à toute vitesse. Dans cet état de conscience activé, mon regard anticipe les caractéristiques de la situation qui arrive, et ma psyché les assimile de manière automatique, non contrôlée. Elle en fait la synthèse pour ne retenir que l'essentiel, et donner à mes muscles la représentation du geste juste, obtenant une fusion de ce que je suis avec les éléments.

Justesse, précision et subtilité sont les maîtres mots de ce processus. Le geste moteur est véritablement créé dans l'instant, à chaque instant, au service de l'instant.

L'activation de cette partie non consciente du moi, que je pourrais appeler le soi, permet d'aller puiser dans des ressources dont je réalise l'existence dans l'après-coup. L'immense créativité inhérente au soi surprend à chaque fois le moi ; et le fait de relier, de véritablement connecter ces richesses intérieures à l'environnement nous entourant permet de produire chez nous un intense sentiment de réalisation. Nous nous réalisons tels que nous le sommes vraiment, fondant nos richesses dans l'environnement pour un sentiment de transcendance, extraordinaire et sublimant.

« Connexions nippones » :

C'était le troisième ou quatrième jour de ski de notre voyage au Japon, et la météo ne nous était pas vraiment favorable, un épais brouillard recouvrant la station.

Avec Maxim et Pavel, mes compagnons Russes, nous décidons malgré tout d'aller skier. Au sommet des remontées mécaniques, nous entamons la marche menant au sommet des possibilités de ski hors-piste. Néanmoins, nous ne nous faisons pas trop d'illusions étant donnée la densité de la brume, et prenons cette journée comme une transition, un repérage pour les jours suivants.

C'est alors qu'au fur et à mesure que nous marchons, nous prenons de l'altitude et nous rendons compte que le brouillard se dissipe peu à peu. La purée de pois laisse progressivement place à un large pan de montagne couvert d'une neige poudreuse et scintillante encore vierge. Le paradis !

La motivation de mes deux collègues monte nettement d'un cran et nous continuons l'ascension avec entrain. Cependant, curieusement, je ne ressens pas la même excitation que mes amis, à vrai dire je n'ai pas trop envie d'y aller mais je ne sais pas pourquoi. Je continue à marcher sans trop m'en préoccuper, mais plus je marche et plus je ressens comme une boule dans mon estomac. Je mets machinalement la main dans la neige pour voir comment elle est constituée, comme j'ai l'habitude de le faire depuis de si nombreuses années. Je trouve une neige poudreuse au-dessus, mais vraiment bizarre en dessous. Je me dis sur le moment que j'ai déjà skié sur presque tous les continents, mais jamais encore je n'avais connu un tel type de neige. La boule au ventre se fait plus prégnante encore.

Arrivés au sommet, je vais voir Maxim, mon collègue snowboardeur, et je lui dis qu'il me semble que la neige est dangereuse et lui demande ce qu'il en pense. Il me répond « oui oui oui », et se tourne vers la préparation de son matériel pour la descente. Je lis l'euphorie sur son visage. Et pour cause, alors que nous pensions la journée gâchée par le brouillard, ce beau soleil illuminant la neige poudreuse au-dessus d'une mer de nuages s'étendant à l'infini se prête à un sentiment des plus joyeux. Ce n'est paradoxalement et étrangement pas ce que je ressens.

Toujours empli de ce profond malaise, je me tourne vers Pavel le photographe et lui exprime ce que je pense de l'état de la neige. Il ne prête même pas attention à ma phrase en la balayant du regard, et l'euphorie transpire encore plus sur son visage que sur celui de Maxim.

Je comprends alors que je suis le seul à me trouver dans cet état, et que je dois décider et agir en fonction de mes intuitions propres. Le problème est que justement ce ne sont que des intuitions, et étant donné que je n'avais jamais vu ce type de neige auparavant, je ne pouvais expliquer rationnellement mes craintes, ni mon mal être.

Alors Pavel me lance que le premier virage est parfait pour moi, dans l'optique de réaliser la première photo de la descente. Je vois un arbre un peu plus loin, et dis que je vais faire un virage jusqu'à l'arbre, car je savais que celui-ci pourrait me protéger, et que je verrai pour la suite.

Je m'élance, tourne, Pavel appuie sur son appareil photo, et je me stoppe tout contre l'arbre. La neige est extrêmement douce en surface mais la sensation qu'elle me renvoit au cours de mon virage ne me plaît pas du tout. Et l'intensité de mon malaise de grimper d'un point supplémentaire. Je crie alors à mes collègues que je n'irai pas plus loin, je traverserai jusqu'à la crête et descendrai par là même où nous sommes montés, ce qui constitue un endroit protégé. Ils acquiescent en se moquant gentiment de moi. Maxim me demande en riant si j'ai « peur ?! ». Je réponds par l'affirmative, tentant de leur transmettre ce que je ressens, mais déjà Maxim s'élance. Quelques virages, quelques photos, il s'arrête. Pavel l'accompagne. Ils me disent « encore un virage et on vient avec toi ». Ils descendent plus bas, je ne les vois quasiment plus. Ils me crient alors qu'ils sont trop bas maintenant, qu'ils veulent effectuer la descente entière, et que l'on se retrouverait au pied de la station, eux passant par le hors-piste et moi rejoignant les pistes par la crête.

Étrangement je ne suis vraiment pas du tout tenté par les rejoindre alors que je suis quand même venu au bout du monde pour skier, que le temps de ski est limité, et que l'endroit et la journée semblent tout simplement merveilleux !

Alors je pousse sur mes bâtons, rejoins la crête et entame une descente tranquille par les pistes qui plongent peu à peu dans le brouillard, toujours aussi épais en basse altitude.

J'arrive relativement vite en bas et entreprends d'attendre mes collègues. Je commence à gamberger, à me demander ce qu'il se passerait si jamais il leur arrivait quelque chose. Alors je regarde ma montre et leur donne trente minutes, avant de déclencher d'éventuels secours.

Je me sens un peu en colère contre eux, car je les ai prévenus, plusieurs fois même, ils n'ont pas voulu m'écouter et maintenant voilà je les attends sans savoir que faire car même en déclenchant les secours, l'épais brouillard qui règne sur toute la partie du bas ne faciliterait pas la tâche… Je me sens tour à tour coupable, responsable, en colère, désorienté... Puis je me dis même si ça n'a pas de sens, qu'ils sont plus âgés que moi, ont plus d'expérience, plus d'années de pratique, et devraient être plus à même de gérer leur euphorie... qu'ils ont pris leur décision consciemment et en toute responsabilité... etc etc.

Alors que j'étais plongé dans mes tourments, regardant l'heure toutes les deux minutes, je vois tout à coup débarquer Maxim et Pavel du bas de la forêt à quelques centaines de mètres de moi, là où le hors-piste rejoint le domaine skiable. Je ressens alors un soulagement accompagné d'un léger sentiment de honte dû à mon comportement pusillanime, et me dis qu'ils ont dû faire une super descente !

Au fur et à mesure que Maxim et Pavel se rapprochent de moi, je les entends se quereller vivement, usant de grands gestes et de tout un tas d'insultes russes que je ne comprends pas !

Alors Pavel m'explique sans vraiment s'épancher qu'un peu plus bas après que nous nous soyons quittés, le snowboard de Maxim a déclenché une énorme avalanche d'environ trois cents mètres de large sur près de deux mètres de profondeur, provoquant de gigantesques boules de neige compacte, parfois de la taille d'une voiture. Par bonheur, l'avalanche est partie juste sous le snowboard de Maxim, et ils n'ont pas étés entraînés dedans. Ils ont alors dû skier par-dessus toutes les grosses boules de neige ainsi engendrées, ce qui expliquait le temps mis pour me rejoindre.

Je décide de ne pas enfoncer le couteau dans la plaie et nous regagnons le parking, la journée de ski vient de se terminer. Sur le chemin du retour, Pavel et Maxim continuent de s'enguirlander dans un argot russe inaccessible.

Curieusement, je n'ai mesuré la portée de cette expérience que plusieurs semaines après mon retour en France. Alors je me souviens de nombreuses autres situations par le passé où j'ai pu faire demi-tour suite à une intuition de ce genre.

La particularité de ce jour-là dans les Alpes Japonaises est que je n'avais jamais vu ce type de neige auparavant, et je ne pouvais expliquer rationnellement mon intuition. Pourtant, c'est bien elle qui m'a peut-être sauvé la vie, à moi et aussi à mes deux camarades. Car skiant à trois sur cette plaque de neige instable, l'issue aurait pu être toute autre.

C'était comme si j'avais pu capter certains signaux provenant de la montagne, tout d'abord au travers de mon humeur, de mon émotion du moment, puis directement sur le corps.

Alors je repense à la manière dont les animaux s'enfuient se protéger avant une forte tempête, alors qu'il n'y a encore aucun signe directement observable par l'homme concernant l'annonce de l'imminent phénomène.

Ce livre a été imprimé en France

Dépôt légal : Novembre 2019